Gudrun Sailer
Frauen im Vatikan
Begegnungen, Porträts, Bilder

Gudrun Sailer

Frauen im Vatikan

Begegnungen, Porträts, Bilder

benno

Ich danke allen Frauen und Männern, die am Entstehen dieses Buches mitgewirkt haben. Mein ganz besonderer Dank gilt P. Federico Lombardi SJ, der dieses Vorhaben von Anfang an wohlwollend und tatkräftig unterstützt hat.

Gudrun Sailer

Bibliografische Information der Deutschen Bibliothek:
Die Deutsche Bibliothek verzeichnet diese Publikation in der Deutschen Nationalbibliografie; detaillierte bibliografische Daten sind im Internet über http://dnb.ddb.de abrufbar.

ISBN 978-3-7462-2182-3

© St. Benno-Verlag GmbH Leipzig
04159 Leipzig, Stammerstr. 11
www.st-benno.de
Umschlaggestaltung: Ulrike Vetter, Leipzig,
unter Verwendung von Fotos von Gudrun Sailer, Stefano Leszczynski, Vassilis Chatzigiannis, Fritz Imhof und picture-alliance/dpa
Gesamtherstellung: Kontext, Lemsel

Inhalt

Vorwort

Vor wenigen Jahren hätte, wer Frauen in vatikanischen Funktionen finden wollte, sie fast ausschließlich in so genannten niederen Diensten suchen müssen. Als Haushälterinnen bei Kurienkardinälen etwa, als Helferinnen beim vatikanischen Zahnarzt oder als Telefonistinnen, wie die Ordensfrauen der Paulinischen Familie, die seit Jahrzehnten die akustische Schnittstelle zwischen Vatikan und Außenwelt betreuen. All diese dienstbaren Geister sorgen für einen reibungslosen Ablauf im Alltag des kleinsten Staates der Welt, und ohne ihren Einsatz käme Sand ins Getriebe des Vatikans.
Doch das Getriebe selbst ändert allmählich seine Zusammensetzung. Im Staat der Vatikanstadt und an der Kurie, also dem Verwaltungsapparat der katholischen Weltkirche im Vatikan, arbeiten heute mehr Frauen, als es nach außen hin den Anschein hat. Rund 15 Prozent der päpstlichen Belegschaft sind weiblich; nebenbei gesagt, ist gleicher Lohn für gleiche Arbeit im Vatikan eine Selbstverständlichkeit. Viele wirken als Assistentinnen oder Schreibkräfte, doch auch beim akademischen Personal bleiben Männer schon lange nicht mehr unter sich.
Dass Frauen indes in hohe Funktionen an der Kurie berufen werden, ist eine Erscheinung der jüngsten Vergangenheit. 2003 ernannte Johannes Paul II. zum ersten Mal eine Präsidentin für eine der zehn päpstlichen Akademien, die sich verschiedenen wissenschaftlichen Zweigen widmen: Er bestellte die Archäologin Letizia Ermini Pani zur Leiterin der Akademie für Archäologie. Aufsehen erregte wenig später die erstmalige Berufung zweier Frauen, darunter der Deutschen Barbara Hal-

lensleben, in die Internationale Theologische Kommission, das wichtigste theologische Beratungsgremium des Papstes. 2004 folgte die US-amerikanische Juristin Mary Ann Glendon auf den Chefsessel der päpstlichen Akademie für Sozialwissenschaften, nachdem sie 1995 als erste Frau bei einem offiziellen Anlass, der UNO-Weltfrauenkonferenz in Peking, eine vatikanische Delegation geleitet hatte. Im selben Jahr erhielt der Heilige Stuhl in Schwester Enrica Rosanna sogar seinen ersten weiblichen Untersekretär, was in einer Regierung etwa einem Staatssekretär entspricht.

Jede dieser Ernennung liegt weniger als fünf Jahre zurück. Dies spricht für eine Öffnung bestimmter Kurienämter für Frauen schon unter Johannes Paul II. Allerdings würden viele der Frauen, die in diesem Buch zu Wort kommen, an dieser Stelle einwenden, dass es auf den formalen Rang der Gläubigen – ob weiblich oder männlich - nicht ankommt, sondern darauf, was sie der Kirche zu sagen haben. Damit wissen sie sich in der Verlängerung der Linie, die Päpste und Kirche in amtlichen Dokumenten von der Sendung der Frau zeichneten.

In seinem Apostolischen Schreiben „Mulieris Dignitatem" („Die Würde der Frau", 1988) formuliert Johannes Paul II. zum ersten Mal das, was er den weiblichen „Genius" nennt. Die Frau ist stark, schreibt der Wojtyła-Papst, weil Gott „ihr den Menschen anvertraut".

In seinem persönlich gehaltenen „Brief an die Frauen" von 1995 wird Johannes Paul anschaulicher. Er beklagt die Ungerechtigkeit, dass nach wie vor viele Frauen „mehr nach dem Aussehen" bewertet werden als nach ihrer Sachkenntnis, ihrer beruflichen Leistung, nach den Werken ihrer Intelligenz und schließlich nach der ihnen eigenen Würde. Er stellt sich hinter die Forderungen der Frauenbewegung nach gleichem Lohn für gleiche Arbeit, Schutz der berufstätigen Mutter, gerechtem

Vorankommen im Beruf, Gleichheit von Mann und Frau im Familienrecht und in der Demokratie. In diesem Brief findet sich auch jene bemerkenswerte Stelle, in der Johannes Paul seine Bewunderung für Frauenrechtlerinnen früherer Tage ausdrückt, „in einer Zeit, als dieser ihr Einsatz als Zeichen mangelnder Fraulichkeit, als grobtuerisches Gehabe, ja als Sünde angesehen wurde!" Und der Papst prognostiziert: In der Politik der Zukunft werden „die ernsten Probleme eine immer stärkere Miteinbeziehung der Frauen" erleben. In Feldern wie Gesundheitswesen, Ökologie, soziale Dienste werde es niemand anderer als die Frau sein, die „auf eine Neufassung der Systeme" drängt. Nicht zuletzt, so lässt sich der Gedanke weiterspinnen, weil ein System, das nach bloßen Kriterien der Leistung und der Produktivität tickt, zur Zeitbombe seiner eigenen Zukunft wird, was weibliche Vernunft besser zu erfassen scheint.

Und die Frau in der Kirche? Als Präfekt der römischen Glaubenskongregation verfasste Kardinal Joseph Ratzinger „über die Zusammenarbeit von Mann und Frau in der Kirche und in der Welt" einen Brief an die Bischöfe. Darin bedauert er eine wachsende Feindseligkeit zwischen den Geschlechtern und eine gesellschaftliche Einebnung ihrer Unterschiede. Die Frau zeichne sich nach dem Vorbild der Muttergottes „durch ihre Haltung des Hörens, des Aufnehmens, der Demut, der Treue und der Erwartung" aus. Einstellungen, die jeden Christen prägen sollten, die aber doch die Frau „mit besonderer Intensität und Natürlichkeit" lebe. Weil sie diese Haltung allen Getauften in Erinnerung rufe, erfülle sie „eine Rolle von größter Wichtigkeit im kirchlichen Leben." In einem Nebensatz bestätigte Kardinal Ratzinger „die Tatsache, dass die Priesterweihe ausschließlich Männern vorbehalten ist", was die Frauen aber „in keiner Weise daran hindert, zur Herzmitte des christlichen

Lebens zu gelangen." „Nichts Neues aus Rom", dachten Expo-
nentinnen jener Frauenbewegung, der Joseph Ratzinger ohne-
hin bereits als rotes Tuch galt, während andere ihm im Stillen
für die klaren Worte dankten. Ein Jahr später war der Kardinal
aus Bayern Papst.

Ob es nicht an der Zeit sei, Frauen in der Kirche „sichtbarer" zu
machen, fragte ein junger römischer Kaplan im März 2006 bei
Benedikt XVI. an. Christus habe die Priesterweihe bekanntlich
Männern vorbehalten, erwiderte der deutsche Pontifex auch
hier, doch sei es „eine berechtigte Frage, ob man Frauen nicht
auch im Leitungsdienst der Kirche mehr Raum und mehr ver-
antwortliche Positionen bieten" könne. Und wenige Monate spä-
ter lud Benedikt gegenüber deutschen Journalisten (keine der
vier geladenen Radio- und Fernsehanstalten hatte eine Journa-
listin entsandt) dazu ein, „auf Gott zu hören, dass wir den auch
nicht behindern, sondern uns freuen, dass das Weibliche in der
Kirche, wie es sich gehört – von der Muttergottes und von Maria
Magdalena an – seine kraftvolle Stelle erhält."

Die hier versammelten Texte basieren auf Interviews, die ich im
Lauf der Jahre für das deutschsprachige Programm von Radio
Vatikan geführt habe. Auf viele dieser Hörfunk-Beiträge rea-
gierten Hörerinnen und Hörer außerordentlich positiv. So ent-
stand die Idee zu diesem Buch. Es porträtiert sechzehn Frauen,
die heute in der einen oder anderen Weise im Vatikan für Papst
und Kirche arbeiten: seit wenigen Jahren oder seit langer Zeit,
teils als einfache Bedienstete, teils als Führungskräfte, teils als
Betende, oft als Gelehrte und in einem Fall als Ehefrau und
Mutter. Manche der Porträtierten haben nie zuvor im Rahmen
eines Interviews über ihre Tätigkeit und sich selbst gesprochen.
Einige wenige Frauen, deren stilles Wirken ich in diesem Buch
gerne vorgestellt hätte, gaben mir einen Korb. Andere, von
denen ich einen Korb erwartete, sagten auf Anhieb zu.

Die Porträts stellen die tagtägliche Arbeit der Frauen vor und fragen, mit welchem Selbstverständnis sie ihren Dienst tun, was sie stärkt, was ihnen Antrieb gibt; wie der Glaube an Gott einfließt in die Unterstützung des Papstes bei der Ausübung seines Amtes für die Kirche und die Menschen guten Willens. Dieses Buch ist keine Streitschrift: Wer Fanfarenstöße für die Weihe von Priesterinnen erwartet, wird enttäuscht werden. Das Thema Frausein im Vatikan - also in einem männlich orchestrierten Umfeld mit vielen Priestern - bildet ein Leitmotiv der Texte, gibt aber nicht ihren Ton an. Vielmehr geht es mir darum, den Beitrag konkreter Menschen am konkreten Tun des Nachfolgers Petri in der Welt begreifbar zu machen, in anderen Worten, weibliche Stimmen im Konzert der Kirche so zu verstärken, dass sie für einen Augenblick als Solo hörbar werden, ehe sie zurückgleiten in die Vielstimmigkeit des christlichen Gottesvolkes.

Jedes der Porträts bleibt eine Momentaufnahmen. Auf gewisse Weise hoffe ich, dass dieses Buch rasch veraltet, weil das eingetreten ist, was eine hier vorgestellte Theologin im Interview mit großer Überzeugung sagte: „Es wird mehr Frauen im Vatikan geben. Das ist ein organischer Prozess. Er mag seine Blockaden haben und seine Verunsicherungen hervorrufen. Aber er ist."

Gudrun Sailer

Pronto, Vaticano?

Was glaubt eigentlich der Papst? Eine Frage, der die „Fräuleins vom Amt" im Vatikan nicht ausweichen. In Ermangelung einer päpstlichen Kummernummer betreiben die Schwestern in der Telefonzentrale von acht bis 20 Uhr nicht nur Vermittlung, sondern nebenbei auch ein wenig Verkündigung. Das, obwohl es ihnen an irdischer Arbeit nicht mangelt: In dieser Telefonzentrale laufen die Drähte eines ganzen Staates zusammen.

**In der vatikanischen
Telefonzentrale**

»Wenn der Draht zum Herrn fehlt,
teilt ihr bloß euch selber mit.«

Pronto, Vaticano...?" Hallo, hier spricht der Vatikan. Freundlich-leise Stimmen, graublaue Ordenstracht und immer ein Lächeln auf den Lippen. Zu sechst sitzen die Schwestern vor ihren Flachbildschirmen, Mikrofone vors Kinn geschnallt, die Finger in sichtlich vielbenutzten vatikanischen Telefonbüchern, und verbinden draußen mit drinnen, den Vatikan mit der Welt.

Die Fräuleins vom Amt mit Ordensgelübden stammen aus Mexiko, Korea, Polen oder Indien. Und natürlich aus Italien, wie Schwester Maria Grazia, die Dienstälteste im Büro. „Bei uns treffen jeden Tag viele hundert Anrufe aus der ganzen Welt ein", erzählt sie, als gerade kein Anrufer in der Schleife wartet. „Dass wir hier die Weltkirche im Kleinen spiegeln, ist ein Vorteil. Ich zum Beispiel verstehe Englisch, Französisch und Spanisch. Wenn ich einmal mit meinem Latein am Ende bin, stelle ich den Anrufer zu einer Mitschwester durch, die ihm – hoffentlich – besser weiterhelfen kann."

»Den Papst lieben eigentlich alle.«

260 Seiten stark ist das vatikanische Telefonbuch. Der Papst steht nicht drin, im Gegensatz zu seinen Kardinälen, sonstigen geistlichen Würdenträgern oder Laien-Angestellten mit unbefristetem Arbeitsvertrag. Die Telefonfräulein sind dazu angehalten, mit der Herausgabe der Nebenstellen zu knausern. Denn gar nicht selten verlangen Anrufer, sofort zum Papst durchgestellt zu werden, um ihn zu fragen, ob er nicht nächste Woche die Taufe des jüngsten Familienmitgliedes vornehmen könnte, um zu erfahren, wie er eigentlich zum Waldsterben steht, oder um ihm einmal richtig den Marsch zu blasen.

Was auch immer geschieht: Die Telefonschwestern bleiben freundlich. „Nur ein Mensch, dem es gerade nicht gut geht, ist in der Lage, etwas Unfreundliches zu sagen", nickt

15

Schwester Janet aus Indien mit sorgenvoller Miene. „Den Papst lieben eigentlich alle. Pronto, Vaticano?"

Natürlich sind die überwiegende Anzahl der Anrufer solche, die zum Staatssekretariat durchgestellt werden wollen, zum liturgischen Büro, zu den Museen, zum Münzamt oder zum Radio – zu einer bestimmten der 8.500 Nebenstellen des Vatikanstaates eben. Einige wählen den Vatikan aber auch wegen einer Wette an, in der eine gesellige Bürorunde um Zitate aus dem Alten

»Auf der anderen Seite der Leitung denkt jemand: Ich freue mich, dass diese Stimme mir geholfen hat.«

Testament streitet. „Ich finde es schön, diese kleine Hilfe zu geben, um die ich gebeten werde", sagt Schwester Maria Grazia, die mehr als einmal zur bereit liegenden Heiligen Schrift gegriffen hat. „Und auf der anderen Seite der Leitung denkt jemand: Ich freue mich, dass diese Stimme mir geholfen hat."

Manche Anrufer suchen gar, quasi von höchster weltlicher Instanz, Rat in einer dringenden Gewissensfrage. „Dann sagen wir, in Ordnung, aber machen Sie's kurz, wir sind die Telefonzentrale. Ein Priester kann Ihnen besser zuhören. Dennoch versuchen wir, eine Art Erste Hilfe für die Seele zu geben."

Wenn es den Ordensfrauen wirklich einmal zu bunt wird, suchen sie Zuflucht in der Hauskapelle. Sie liegt gleich über die Gasse links im zweiten Stock. Die Telefonschwestern gehören zu den wenigen Privilegierten, die im Vatikan nicht nur arbeiten, sondern auch wohnen. Ihre Gemeinschaft, die „Schwestern vom Göttlichen Meister", wurde schon früh mit der Aufgabe betraut, im Dienst des Herrn Drähte richtig zu verstöpseln.

Seit jeher überantworten die Päpste einzelne Bereiche des

Vatikans bestimmten Orden und Kongregationen. So ist Radio Vatikan Sache der Jesuiten, die Post wird vom Don-Orione-Werk verwaltet, die Druckerei und die Vatikan-Zeitung „L'Osservatore Romano" von den Salesianern, die Apotheke von den Barmherzigen Brüdern. Das Telefon ging 1948 an die Paulinische Familie. Das ist eine ganze Serie von Orden, gegründet von Don Giacomo Alberione ab 1914. In früherer Zeit, als der Vatikan noch ein Priesterstaat im Wortsinn war, hüteten junge Geistliche die Telefonzentrale, doch eines Tages befand der Vatikan, Schwestern mit engelsgleicher Geduld seien hier am besten aufgehoben.

In den Kabelräumen der Telefonverwaltung, sozusagen im Innendienst, sind nach wie vor männliche Techniker unter sich. Alte Fotos an den Wänden erinnern an Zeiten, in denen der Vatikan technisch zur Avantgarde gehörte. Ein Bild aus dem Jahr 1886 zeigt die erste automatische Telefonanlage der Welt: Sie stand im Vatikan, genauer in der Apostolischen Bibliothek. Zehn Tasten hatte die eindrucksvolle Maschine.

»Wir versuchen, eine Art Erste Hilfe für die Seele zu geben.«

Der Papst konnte auf diese Art seine zehn wichtigsten Kurienkardinälen persönlich anwählen, ohne über eine Vermittlung gehen zu müssen.

Die aktuelle Anlage stammt aus dem Jahr 1992 und funktioniert mit Hilfe der Telecom Italia klaglos. Ein unabhängiges Netz oder auch nur eine eigene Landesvorwahl will sich der Vatikan nicht leisten. Und so ist der Staat der Vatikanstadt unter einer dreistelligen römischen Nummer zu erreichen, nicht anders als jeder in der ewigen Stadt ansässige Großkonzern.

Für die zwölf Ordensfrauen, die im Auftrag des Papstes für die richtige Verbindung sorgen, beginnt und endet der

Arbeitstag in der Kapelle. Jeden Morgen beim Gottesdienst erbitten die Schwestern die Gnade, ihren Dienst für Papst und Kirche gut ausüben zu können. „Das heißt im Prinzip, das Geschenk des Glaubens weiterzugeben, das wir selbst empfangen haben", erklärt Maria Grazia schwungvoll. Don Alberione hatte die „Schwestern vom Göttlichen Meister" mit dem Auftrag gegründet, im Kontakt mit oben nach außen zu kommunizieren. „Wenn der Draht zum Herrn fehlt, dann, sagte Don Alberione, teilt ihr bloß euch selber mit."

»Wir beten für alle Stimmen, die wir gehört haben.«

In ihr abendliches Gebet schließen die Schwestern alle Anrufer ein, mit denen sie tagsüber zu tun hatten. „Es gehört zu unserer Sendung, missglückte Kommunikation sozusagen zu reparieren. Wenn also jemand Dinge sagt, die grob gegen die Sicht Gottes verstoßen. Gezielte Beleidigungen zum Beispiel. Wir beten für alle Stimmen, die wir gehört haben." Für die volltönenden, sagt Schwester Maria Grazia, aber ganz besonders für die gebrochenen. „Sie alle sind Stimmen, die der Herr hört und annimmt."

GOVERNATORATO

DIREZIONE
DELLE TELECOMUNICAZIONI

SERVIZIO DEI TELEFONI

Die Frau hinter dem Papst

Ingrid Stampa gehört dem engsten Kreis rund um Papst Benedikt an. Seit 1991 steht die ausgebildete Musikerin aus Cleve in Diensten Joseph Ratzingers, doch in vertraute Kategorien will ihre Tätigkeit nicht passen. „Haushälterin" trifft es ebenso wenig wie „Beraterin", „Übersetzerin", „Vertraute" oder „Sekretärin". Am Tag nach dem „Habemus Papam" im April 2005 hat Ingrid Stampa unangenehme Erfahrungen mit der Presse gemacht. Die Kunde, dass sie „am liebsten Apfelstrudel und Semmelknödel" für Joseph Ratzinger zubereite, wie ihr nach durchwachter Nacht eine vor der Haustür wartende Journalistin entlockte, fand ihren Weg in die Zeitungen der Welt. „Es ist mir ein Anliegen, nicht in den Vordergrund zu treten", erklärt Ingrid Stampa in unserem freundlichen Gespräch am Telefon. „Damit bleibe ich mir selber treu." Doch sie verweist auf einen Zeitungsartikel über sie, der rund ein Jahr vor der Papstwahl erschien und in dem sie sich gut wiedererkennt. Hier ist der Text, den wir unverändert übernehmen.

Ingrid Stampa
Papstvertraute

»Meine wirkliche Freiheit habe ich in
der Abhängigkeit von Gott gefunden.«

Ingrid Stampa ist selber überrascht über ihr Leben. Sie ist in Norddeutschland aufgewachsen, hat in der Kulturstadt Basel Musik studiert und im Alter von 26 Jahren eine Stelle als Dozentin an der Hamburger Musikhochschule angetreten. Sie spielte Viola da Gamba, ein Instrument, dessen Blütezeit in der Renaissance und im Barock lag und dem dann das Cello den Rang abgelaufen hat. Früh hat sie Karriere gemacht. Sie hat Konzerte gegeben und Musik unterrichtet. Es sei ein „harter, aber auch sehr schöner Beruf" gewesen, den sie sehr geliebt habe, erklärt Frau Stampa. Der Musik zuliebe habe sie „streng wie in einem Orden" gelebt und alles andere dafür aufgeopfert: „Ich war wie mit der Musik verheiratet."

Dann jedoch, sagt sie, „ist der Herr in mein Leben eingebrochen. Er verlangte von mir die Entscheidung, ob ich weiter meine Karriere verfolgen und damit für mich selbst leben wolle oder ob ich bereit sei, mich ganz in Gottes Hand fallen zu lassen, um in Zukunft nur noch ihm zu dienen, wo immer er will." Nachdem sie sich „sehr geprüft" hatte, sagte sie ein überzeugtes Ja, gab ihre beamtete Professur auf und verschenkte alles, was sie besaß. Ihre geliebten Instrumente gab sie „in gute Hände".

»Es ist mir ein Anliegen, nicht in den Vordergrund zu treten.«

Frau Stampas Weg führte sie auf eine Wallfahrt nach Rom, wo es sich ergab, dass sie 1988 die Pflege des Erzbischofs Zacchi übernahm: „Ich bin einfach eingesprungen." Dreieinhalb Jahre später erlag der Erzbischof seiner schweren Krankheit; Frau Stampa hat ihn „bis zum letzten Atemzug" begleitet. Nach dieser „tiefen Erfahrung" bereitete sie sich auf ihre Rückkehr nach Deutschland vor, um dort eine Pflegeausbildung zu absolvieren mit dem Ziel, anschließend besser für ähnliche Fälle professionell vorbereitet zu sein.

Immer wieder jedoch, betont Frau Stampa, habe Gott ihr „einen Strich durch die Rechnung gemacht" und ihre „Pläne über den Haufen geworfen". Denn jetzt wurde sie vom Leibarzt des Papstes, Renato Buzzonetti, dringend gebeten, schon wieder „einzuspringen": diesmal im Hause von Kardinal Joseph Ratzinger. Ihn hatte das Unglück getroffen, in einem Augenblick, in dem er selbst pflegebedürftig war, seine leibliche Schwester zu verlieren, die ihn 30 Jahre lang betreut hatte. Seitdem wirkt Frau Stampa im Haushalt des Kardinals, der Dekan des Kardinalkollegiums und Präfekt der römischen Glaubenskongregation ist. Sie arbeitet nicht eine bestimmte Anzahl von Stunden, sondern „solange die Kräfte reichen". Und damit sie alles schaffen kann, erledigt sie all ihre Fahrten in Rom mit dem Fahrrad. „Das ist angesichts des dortigen Verkehrschaos das schnellste Mittel, ans Ziel zu kommen." Es sei zwar „ziemlich gefährlich", mache aber einen „Heidenspaß". Sich selbst bezeichnet Frau Stampa als „freien, fremden Vogel" am Vatikan – „kein Mensch für Institutionen und Karriere". Ihre wirkliche Freiheit habe sie jedoch gerade in der totalen Abhängigkeit von Gott gefunden.

Kardinal Ratzinger behandle sie mit großem Respekt, betont Frau Stampa. Bei den gemeinsamen Mahlzeiten komme es zu Gesprächen, welche die Künstlerin als „interessanten geistigen Austausch" bezeichnet. Auch wenn man nicht in allen Punkten derselben Ansicht sei, könne man durchaus von einem „freundschaftlichen Verhältnis" reden, von einer „Begegnung auf geistiger Ebene". Kardinal Ratzinger lasse auch andere Meinungen gelten und respektiere ihre innere Freiheit. Er sei ein zurückgezogener, bescheidener Mensch, der viel am Schreibtisch arbeitet und keine repräsentativen Ansprüche hat.

Immer wieder hat Gott ihr »einen Strich durch die Rechnung gemacht«.

Abends ergeht er sich ein wenig in dem schönen Dachgarten, den Frau Stampa für ihn und alle Bewohner des Hauses angelegt hat und pflegt.

1977 hat Ingrid Stampa damit begonnen, Übersetzungen aus dem Italienischen ins Deutsche anzufertigen, unter anderem Bücher des päpstlichen Hauspredigers Raniero Cantalamessa, des vietnamesischen Kardinals François-Xavier Van Thuan, des Gründers der Gemeinschaft Sant'Egidio, Professor Andrea Riccardi, des neapolitanischen Theologie-Professors [und heutigen Erzbischofs] Bruno Forte, sowie die letzten drei Bücher von Papst Johannes Paul II.: die Poesien, „Auf, lasst uns gehen!" und „Erinnerung und Identität".

(Veit Neumann, Katholische SonntagsZeitung,
7./8. August 2004/Nr. 32, S. 8)

Michelangelos rechte Hand

Schwester Teresa Todaro verwaltet das Archiv
der Bauhütte von Sankt Peter. Wo einst Michelangelo und Bernini ihre Ateliers hatten, lagern
heute sämtliche Dokumente zur Baugeschichte
des Petersdoms: Skizzen, Zeichnungen und
kühne Entwürfe, päpstliche Bullen, erhitzte
Briefwechsel der Künstler mit den Kardinälen,
nach Ländern geordnete Einnahmen aus dem
Ablasshandel, Listen mit Namen, Arbeitszeit
und Sold aller Arbeiter Tag für Tag, Rechnungen für Tausende Tonnen Marmor, jedes
Gramm Blattgold und jeden Zementsack.

Sr. Teresa Todaro
Archivarin

»Auch Frauen bauten
mit am Petersdom.«

Wenn unten in der Basilika der Papst Richtung Hauptaltar schreitet, können Schwester Teresa und ihre zwei Mitarbeiterinnen ihn von oben als weißen Punkt mit Mütze wahrnehmen. Das Archiv, das den Baufortschritt der größten Kirche der Christenheit bis heute dokumentiert, liegt hoch über dem linken Seitenschiff, rund um die Basis einer der Nebenkuppeln. In zwei achteckigen Haupträumen und den verbindenden Gängen stehen aufgereiht in Glaskästen 9.000 Bände mit unzähligen Einzeldokumenten. Schwester Teresa hat sie alle in den Händen gehabt.

Das älteste Dokument des Archivs datiert vom 18. April 1506, und die Franziskanerin hütet es wie Kronjuwelen. Es handelt sich um die Kopie eines Briefes von Julius II. an den König und die Königin von England, in dem der mächtige Renaissancepapst mitteilt, dass er soeben den Grundstein für den Neubau des Petersdomes gelegt habe. „Da war ein Graben ausgehoben worden, und der Papst, so alt wie energisch, stieg auf einer Leiter hinab, legte einige Münzen zu dem Stein und kam wieder herauf", erklärt Schwester Teresa die Szene.

»Die Dokumente quollen aus den Kartons, lagen aufgetürmt auf dem Fußboden. Es schmerzte, das zu sehen!«

Bald öffnete sich auf dem Vatikan-Hügel die größte Baustelle der Welt. „Wir wissen, dass zeitweise mehr als 1.000 Menschen hier arbeiteten: Architekten, Ingenieure, Zimmermänner, Maurer, Maler, Steinmetze, Kupferstecher, Handlanger aller Art. Es war eine Stadt in der Stadt, sehr umtriebig, und bestens organisiert."

So unterhielt die Bauhütte von Sankt Peter nicht nur eine Betriebskantine, eine Feuerwehr und einen Erste-Hilfe-Dienst, sondern auch einen Gerichtshof. Ganz und gar unhei-

lige Streitfälle wurden da verhandelt: mutwillige Körperver-
letzungen, Schuldzuweisungen bei Unfällen, Lieferanten, die
sich um ihren Lohn geprellt sahen, Künstler, die gegen gewisse Handwerker, und Kardinäle, die gegen gewisse Künstler vorgingen. Schwester Teresas Aktenschränke geben den
niedrigsten Hilfsarbeitern Namen, sie bersten aber auch vor
Geschichten von Geld, Macht und Intrigen.

Das alles hatte Julius II., als er den Grundstein legte, keineswegs im Sinn gehabt. Er hatte nicht einmal daran gedacht, eine
neue Kirche zu schaffen. Sein Projekt war anfangs bescheidener: Er wollte nichts anderes als eine neue Apsis für
Alt-Sankt Peter. In dieser Apsis sollte sein Grabmal stehen, das
Julius beim Jung-Star der italienischen Kunstszene, dem 30-jäh-
rigen Florentiner Michelangelo, in Auftrag gegeben hatte.

Allerdings hatte der Papst die Rechnung ohne seinen Architekten gemacht. Donato Bramante nämlich war in seinem
Künstlerstolz gekränkt. Bloß den Rahmen zum Werk des jungen Konkurrenten
sollte er schaffen? »›Ich gebe Körper und Seele für Sankt
Nicht mit ihm. Und Peter!‹ (Michelangelo) Ich muss sagen,
so entwarf Braman- es gefällt mir, dieses Dokument.«
te für den Papst
keine Apsis, sondern die größte Kirche der Christenheit. Sie
sollte die alte Petersbasilika ersetzen, die um 1500 in der Tat
nicht mehr gut da stand. Kaiser Konstantin hatte sie im 4.
Jahrhundert errichten lassen, mit der Apsis über dem Grab
des Apostelfürsten Petrus. Dieser hatte hier, auf dem Zirkus
des Nero, wohl im Jahr 67 das Martyrium der Kreuzigung
erlitten.

Nach 1100 Jahren nun präsentierte sich Alt-Sankt Peter finster,
windschief, vollgestopft und eines modernen Papstes nicht wür-
dig. Bramante brauchte nicht viel Überredungskunst: Julius gab

den Segen, und der Architekt schritt zur Tat. „Allerdings musste er, um seine Pläne zu verwirklichen, erst die alte Basilika in Schutt und Asche legen", erinnert Schwester Teresa. „Nicht zu Unrecht ging Bramante als „maestro ruinante" in die Geschichte ein: als zerstörender Baumeister."

Im Generalarchiv darf man nur mit Sondererlaubnis des Vatikans forschen. Rund 50 Wissenschaftler pro Jahr tun das. Sie beschäftigen sich in erster Linie mit Architektur und Kunst, es kommen aber auch Mineralogen, die über die vielfältigen Marmorarten der Mosaiken forschen. Historiker interessieren sich für die Gesamtkosten der Basilika – unschätzbar, sagt Schwester Teresa – oder für den Charakter Michelangelos. Und da gibt es ein Dokument, das die Archivarin niemandem vorenthält: ein Brief des Künstlers an die Kardinäle. „,Sehr verehrte Eminenzen', schreibt er, und dann fordert er sie dazu auf, einen bestimmten Arbeiter zu zahlen, und würden sie es nicht tun, dann, schreibt er, ,zahle ich ihn aus eigener Tasche – auch wenn ich selbst immer gratis für den Petersdom gearbeitet habe, wie Sie wissen: Ich gebe Körper und Seele für Sankt Peter!' Ich muss sagen, es gefällt mir, dieses Dokument."

Das Archiv in seiner heutigen Form besteht erst seit Anfang der 1960-er Jahre. Paul VI. ging eines Tages mit einem befreundeten Forscher durch das Archiv an seinem alten Sitz, staunte über das Chaos und ließ Ordnung schaffen. Allerdings hielt das Fehlen von elektrischem Licht, Telefon und vor allem eines Fahrstuhls manch einen Historiker davon ab, ein sauberes Quellenstudium zu betreiben. So übersiedelte das Archiv auf Wunsch Johannes Paul II. an seinen jetzigen Ort. Schwester Teresa sieht das als Heimkehr: „In diesem Raum arbeitete Michelangelo, und den anderen, achteckigen, wählte später Bernini als Atelier."

Wo heute dickleibige Dokumentenbündel in eleganten Glasschränken ruhen, rückten die Meister ihren marmornen Schöpfungen mit Hammer, Meißel und Präzisionsinstrumenten zu Leibe. Das Ambiente ist betont schlicht. Keine Freskengewölbe, keine Barockengel, sondern eine schmucklos hohe Backsteinarchitektur entwarf Bramante für diese Arbeitsräume. Bis zum letzten Bodenziegel ist alles original erhalten: ein Verdienst Schwester Teresas. In bester Tradition gibt auch sie Körper und Seele für Sankt Peter. Notfalls mit Nachdruck.

So schreckte die Ordensfrau nicht davor zurück, sich mit einem Kardinal zu zanken, der hier einen neuen Fußboden legen lassen wollte. „Meine Aufgabe ist es, das Archiv insgesamt zu schützen. So wie ich mit gezücktem Schwert jedes einzelne Dokument verteidigen würde, habe ich auch für diesen Fußboden gekämpft!"

Seit elf Jahren steht Schwester Teresa dem Archiv vor. Wer sie für das Amt empfahl, weiß sie bis heute nicht. Zwar hatte die aus Agrigent stammende Sizilianerin seinerzeit Archivistik studiert und betreute in Rom das Archiv ihres Klosters. Doch Kardinal Virgilio Noé war ihr kein Begriff. Der Vatikanmann

»Stellen Sie sich vor, es gab sogar männliche Sticker für die Altartücher.«

hatte ihr einen Brief geschickt, in dem er anfragte, ob sie nicht als Verantwortliche ans Archiv des Petersdoms wechseln wolle. Schwester Teresa wollte.

Am ersten Arbeitstag sah sie: Für den Job war Fachwissen, Durchsetzungsvermögen und eine kompromisslos ordnende Hand nötig. Die Übersiedlung des Archivs war ohne jede Systematik erfolgt, Arbeiter hatten die alten Papiere in Kisten gepackt und von A nach B geschafft. „Die Dokumente quollen aus den Kartons, lagen auf jedem Mauervorsprung und

aufgetürmt auf dem Fußboden. Es schmerzte, das zu sehen!"
Blatt für Blatt nahm die Ordensfrau in die Hand, las, ordnete, trug in Register ein.

Eine Fundgrube; Stoff für Dutzende Doktorarbeiten. Penibel
verwahrte die Bauhütte jeden Passierschein und jedes der zahl-
reich eintreffenden Bewerbungs-
schreiben von Künstlern und Hand- »Ich würde mit gezücktem
werkern; Tag für Tag verbuchte sie, Schwert jedes einzelne
welcher Arbeiter erschien, was er Dokument verteidigen.«
tat und wie viel Lohn er mit nach
Hause nahm. Wer hier blättert, stößt auf Abertausende Namen.
Ein Gedicht von Bert Brecht kommt in den Sinn: „Der junge
Alexander eroberte Indien. Er allein? Cäsar schlug die Gallier.
Hatte er nicht wenigstens einen Koch bei sich?" Schwester Teresa, die das Armutsgelübde des Franziskanerordens abgelegt
hat, findet an der Baugeschichte des Petersdoms schon längst
nicht mehr die Spitzen spannend, sondern die Basis, dieses
einzigartige Mosaik Sozialgeschichte der frühen Neuzeit.

Deshalb ging sie mit ihren beiden jüngeren Mitarbeiterinnen
Simona und Assunta daran, spezielle Kataloge für die inte-
ressantesten Dokumente zu erstellen. Weil es sie in den Fin-
gern juckte und „der Vatikan ohnehin männlich dominiert
ist, bis heute – stellen Sie sich vor, es gab sogar männliche
Sticker für die Altartücher...!" –, schrieb die Schwester eines
Tages einen Zeitschriftenartikel über Frauen, die am Peters-
dom mitbauten. „Mindestens 20 davon haben wir gefunden."
Es handelt sich um Frauen, deren Ehemänner oder Väter in
Diensten der Bauhütte standen und verstarben – nicht selten
durch Unfälle. „Der Heilige Stuhl beschäftigte diese Witwen
und Waisen anstelle der Verstorbenen weiter, sicherte der
Familie also ein Einkommen." So gab es eine Frau, die in
Sankt Peter als Glaserin arbeitete. Eine Druckerin fertigte in

Vertretung ihres Ehemannes päpstliche Dekrete. Eine andere schnitt Halbedelsteine wie Lapislazuli für das Allerheiligste. Und eine weitere transportierte Travertinplatten vom Tiberhafen bis zur Baustelle. „Es ist sogar vermerkt, dass der Vatikan dieser Arbeiterin einen neuen Wagen kaufte, weil der alte kaputt war. Und jeden Monat behielt die Bauhütte eine kleine Summe ein, um den Wagen abzubezahlen." Ein sozialer Kleinkredit der frühen Neuzeit gewissermaßen.

Wegen Geldmangels kamen die Arbeiten am Petersdom immer wieder zum Stillstand. Für die mitunter Jahrzehnte währenden Ruhezeiten gibt es im Generalarchiv Lücken – und danach Aufzeichnungen über Unkraut, das Arbeiter aus allen Ecken und Ritzen der Baustelle jäten mussten. Die Kuppel des Petersdoms entstand unter Papst Sixtus V. Die Basilika selbst war damals schon fertig, eindrucksvoll und mächtig. „Nur anstelle der Kuppel war ein Loch!", sagt Schwester Teresa. „Sixtus erklärte: Ich mag diesen schönen Körper nicht ohne Kopf sehen. Und er gab den Auftrag, die Kuppel nach den Plänen Michelangelos zu bauen."

Insgesamt lebten die Päpste 120 Jahre lang neben einer klaffenden Baustelle. 1626 weihte Urban VIII. die größte Kirche der Christenheit ein. Das Archiv der Bauhütte allerdings wächst bis heute; nach wie vor erforschen vatikanische Archäologen die Katakomben rund um das Petrusgrab tief im Bauch der Basilika, und hin und wieder fallen kleinere Bauarbeiten an. Wer immer im Jahr 2100 Aufschluss über Identität, Arbeitszeit und Entlohnung der Bediensteten begehrt, die das Grab Johannes Paul II. in den Grotten des Petersdoms aushoben – Schwester Teresas Nachfolger hüten die Antwort.

Die Herrin der Handschriften

Am Anfang war ein Brief. Ein Brief des österreichischen Kaisers Franz Josef, den die aus
Salzburg angereiste junge Historikerin im
Vatikan aufspüren sollte. Das ist heute 20
Jahre her. So lang arbeitet Christine Maria
Grafinger mittlerweile in der Handschriften-
sammlung der Biblioteca Vaticana. Diese
nimmt unter den Kulturschätzen der Päpste
eine herausragende Rolle ein: Nicht umsonst
betrachtet das Christentum ausgerechnet eine
Schrift als heilig.

Christine Grafinger
Bibliothekarin

»Manche unserer Manuskripte
sind ein einziger Lobpreis auf die
Schöpfung.«

Viele glauben, wir sammeln hier nur Bibeln und religiöse Literatur", sagt Christine Grafinger. Energischer Nachsatz: „Nichts könnte falscher sein." In den kilometerlangen engen Speichern der Vaticana lagert alles, was die Herzen von Kunsthistorikern, Architekten, Literaturforschern, Musikwissenschaftlern und Historikern aller Richtungen höher schlagen lässt. Berninis Entwurf des Petersplatzes mit den beherzten Strichen Alexander VII. darin. Dutzende Originalpartituren für den päpstlichen Chor aus der Hand eines Pierluigi Palestrina. Klassische Handschriften von Vergil. Eine seltene Ausgabe des Falknerbuchs von Kaiser Friedrich II. Von ihrem Bestand und ihrer Geschichte her ist diese Schriftensammlung so vielfältig, dass eigentlich – analog zu den vatikanischen Museen – von den vatikanischen Bibliotheken zu sprechen wäre.

1892 machte Papst Leo XIII. seine prachtvolle Sammlung der Allgemeinheit zugänglich. Und hier kam Christine Grafinger ins Spiel. Aus dem Wien der goldenen Kaiserjahre nämlich hatte Franz Josef ein Geschenk gesandt, um dem Papst zu diesem forscherfreundlichen Schritt zu gratulieren. Eine Silberschatulle mit Goldmünzen schien dem alten Monarchen für den Anlass passend. Christine Grafinger sollte für die Ausstellung „Österreich und der Vatikan" das kaiserliche Begleitschreiben im Original in den päpstlichen Beständen aufspüren. Am Tag ihrer Ankunft im Vatikan – es ist der 16. April 1986 – tut sich der Historikerin eine seltsame Welt auf. Der Antrag, im Bibliotheksarchiv nach dem Brief zu suchen, ist ein veritables Bittgesuch, selbstverständlich auf Latein, und überdies an den Papst adressiert. Der Pater Präfekt sieht die junge Frau amüsiert an, die ihm dieses Bittgesuch über den Tisch reicht. „Im Schrank hinter mir liegen die ersten 200 Handschriften, die Sie sich ansehen können", schmunzelt er. „Inventar gibt's keines. Viel Glück!"

Das Fehlen des Inventars erweist sich als bedeutsam für Christine Grafingers Zukunft. Als die Ausstellung in Österreich vorüber ist, erhält die flinke, sprachversierte Historikerin einen Auftrag an der Vaticana. Sie soll das Benutzerarchiv aufarbeiten. Über all die Jahrhunderte hat diese Bibliothek als vielleicht einzige der Welt die originalen Briefe aufgehoben, mit denen Generationen von Gelehrten und Künstler aller Herren Länder Einsicht in die papierenen Schätze der Päpste begehrten. Was die Herren und – wenigen – Damen Forscher damals alles wissen wollten, hat die Historikerin in einem zweibändigen Werk aufgearbeitet.

Christine Grafinger beschäftigt sich Tag für Tag mit Handschriften. Nicht weniger als 150.000 davon zählt die Vaticana. So viele wie keine andere Bibliothek der Welt. Die wertvollsten Stücke liegen als Faksimile vor, also in originalgetreuen Nachdrucken, die auch jedes Brandloch, jeden Wasserfleck und jede Miniatur bis ins feinste Detail wiedergeben. Wenn Christine Grafinger hohe Gäste durch die Bibliothek führt, zeigt sie ihnen freilich – so es der Präfekt erlaubt – Originalhandschriften. Am liebsten „de rerum naturis" des Mainzer Mönches und Gelehrten Rabanus Maurus, der im 9. Jahrhundert das gesamte Wissen seiner Zeit in eine bebilderte Enzyklopädie goss. Der Bogen setzt an bei Gott und den Engeln, überspannt Gestirne, Menschen, Städte und Tiere und endet bei der Natur: Pflanzen, Flüsse, Steine. Auf fast jeder Seite glänzt eine Buchmalerei. Die Dreifaltigkeit hat einen wunderbaren Nimbus aus Blattgold, aber noch faszinierender findet Christine Grafinger die kleinen Darstellungen: „Auf einer Seite ist eine Biene

»Bei den Handschriften ist doch das Schönste der Kontakt mit dem Pergament. Das ist fantastisch!«

gezeichnet und dort sitzt ein Mäuschen. Das ist alles so sorgsam und liebevoll und schön gemacht. Ein einziger Lobpreis auf die Schöpfung!"

Aufbewahrt werden die vatikanischen Handschriften im Keller in einem klimatisierten Tiefspeicher, den Anfang der 80er Jahre die deutschen Bischöfe stifteten. Diese mäzenatische Großtat hatte der österreichische Kardinal Alfons Stickler eingefädelt, der damals Präfekt war. Nutzen darf die von Grafinger gehüteten Schätze nicht etwa jeder, der will. Nur wer ein entsprechendes Studienprojekt nachweist, erhält eine Genehmigung. Im Lesesaal können die Wissenschaftler die Werke ihrer Wahl einsehen. Dort sitzen, aufgereiht unter lichten Gewölben, Forscher aus aller Welt und brüten über ihrem nächsten wissenschaftlichen Coup.

Dagegen hat Christine Grafingers Büro in den verwinkelten Gängen der Bibliothek den Charme eines Bunkers: ein Souterrain hinter dicken Mauern. Auf dem Fensterbrett liegen Latexhandschuhe und eine Atemschutzmaske. „Diese Arbeit kann der Gesundheit schaden", meint die zierliche Bibliothekarin mit der übergroßen Brille auf der Nase. Jahrhundertealter Staub bekommt weder der Haut noch der Lunge. Christine Grafinger bedauert das sehr: „Bei den Handschriften ist doch das Schönste der Kontakt mit dem Pergament. Das ist fantastisch! Man hat das Gefühl, eine samtig weiche Tierhaut in der Hand zu haben."

Andererseits bedürfen die Dokumente des Schutzes – mehr, als die Bibliotheksleitung das wahr haben will. „Bei uns im Hof gibt es eine Kaffeebar. Da nehmen die Leute ein Croissant und gehen zurück in den Lesesaal zu ihren Handschriften. Wenn ich dort Dienst habe, sehe ich oft: Die können sich nicht die Hände gewaschen haben!" Zwar verfügt die Bibliothek über eine hochspezialisierte Buchrestaurierungswerkstatt, übrigens die älteste Europas. Doch so weit sollte man es

gar nicht erst kommen lassen, empfiehlt Christine Grafinger. Da würden die unermesslich kostbaren Handschriften aus ihrem unterirdischen Klimaparadies in den Lesesaal gebracht, und dann hinterließen unachtsame Forscher Fettflecken auf den Rändern. „Das geht nicht", bemerkt Christine Grafinger streng. Verpflichtendes Händewaschen würde sie, wenn sie könnte, heute noch in die Bibliotheksordnung aufnehmen.

Der Vatikan als Arbeitgeber ist bei Römern außerordentlich beliebt. Er zahlt wenig, aber zuverlässig, gilt als überaus krisenfest und bietet eine familienfreundliche Krankenversicherung sowie steuerfreies Benzin. Vorteile, die viele Römer davon abhalten, einen einmal errungenen Posten am Vatikan jemals wieder aufzugeben. Drei, vier Jahrzehnte in päpstlichen Diensten sind keine Seltenheit. So kommt es, dass die meisten Angestellten im kleinsten Staat der Welt einander kennen.

Hinter der großen Brille mit Goldrand beginnen die Augen zu funkeln, man spürt förmlich den beschleunigten Puls der Historikerin.

Christine Grafinger ist eine Frau, deren Beliebtheit schon am Empfangstresen der Bibliothek deutlich wird. „Christine, dein Gast ist da – sogar fünf Minuten zu früh!", scherzt der Portier ins Telefon. Mit nahezu der gesamten Belegschaft ist die Oberösterreicherin, die einen sanften Heimatakzent in ihrem Italienisch pflegt, per du. Auf Titel und Ämter legt sie keinen Wert. Dabei war sie 1997 die erste Frau, die der Vatikan als wissenschaftliche Kraft in der Bibliothek anstellte. Seither hat es die unverheiratet gebliebene Historikerin zu einer sehr, sehr langen Publikationsliste gebracht. Und nebenbei hat sie sich in Salzburg mit Fleiß und Zielstrebigkeit habilitiert, also auf eine Universitätsprofessur vorbereitet.

Grafinger, die in Gmunden aufwuchs und dort bei den Kreuzschwestern zur Schule ging, studierte in Salzburg Geschichte, Französisch und Geographie auf Lehramt. Ein Professor riet ihr zur Dissertation, weil sie „eh nix für die Schule" sei. Begründung: ihr ruhiges Temperament. Danach erhielt sie ein Stipendium der französischen Regierung und lernte in Paris bei der Crème de la Crème europäischer Geschichtsschreibung die Feinmechanik des Handwerks. Heute unterweist sie nicht nur Studierende an österreichischen Unis im Umgang mit schwierigen Quellenlagen, sondern reist auf Einladung auch zu Kongressen quer über den Kontinent. Das „ruhige Temperament", das der Professor bescheinigte, verwandelt sich ins Gegenteil, sobald Christine Grafinger von Handschriften spricht. Hinter der großen Brille mit Goldrand beginnen die Augen zu funkeln, man spürt förmlich den beschleunigten Puls der Historikerin, und in Gedanken sieht man sie selig das Epochalwerk des deutschen Mönches aus dem 9. Jahrhundert durchblättern. Ohne Handschuhe.

Samstags bleibt die vatikanische Bibliothek geschlossen, und das Personal hat frei. Was die passionierte Forscherin dann am liebsten tut? Sie geht nebenan ins Geheimarchiv, dem zweiten großen „Papierspeicher" des Vatikans. „Ich liebe es, dort in den Beständen zu stöbern und mir interessante Dokumente herauszufischen. Am Samstag kann ich stundenlang ungestört wühlen!" Einen wasserdichten Vorwand dafür hat Christine Grafinger auch zur Hand: den Brief Franz Josefs zur Silberschatulle, die der Monarch anno 1892 dem Papst verehrte. „Irgendwann muss das Ding ja irgendwo auftauchen!" Bis heute schlummert das kaiserliche Schreiben in den Beständen des Vatikans. Keiner weiß, wo.

Kinderschaukeln im Kirchenstaat

„Tue Gutes und sprich darüber" – diese non-
chalante Devise aus der Privatwirtschaft trifft
auf Schwester Chiara Pfister gewiss nicht zu.
Die 67-jährige Schweizerin ist keine Frau großer Worte. Sie kann zupacken, das sieht man.
Schwester Chiara leitet seit 20 Jahren die einzige Sozialeinrichtung, die direkt auf vatikanischem Boden steht: das Kinderfürsorgezentrum Santa Marta für arme, meist nicht-
europäische Familien aus Rom.

Sr. Chiara Pfister
Sozialarbeiterin

»Echtes Christentum muss man
nicht propagieren.«

Der Zugang zum „Dispensario di Santa Marta", wie es auf Italienisch heißt, liegt nur ein paar Schritte vom gleichnamigem vatikanischen Gästehaus entfernt – dort, wo viele Kardinäle und Bischöfe von auswärts wohnen, wenn sie in Rom zu Besuch sind. Monsignori in schwarzen Talaren und Vatikanbedienstete auf dem Weg zur Arbeit eilen vorbei, die Polizei kontrolliert Ausweise. Nicht jeder hat Zutritt zur Schaltzentrale der katholischen Kirche.

Wer zur Kinderfürsorgestelle will, braucht keine Bescheinigung. Die Beamten weisen zu einer unscheinbaren Gittertür direkt neben dem vatikanischen Südtor. Dahinter öffnet sich, überraschend fast, ein Hof. Scharen winzig kleiner Gartenzwerge bevölkern ihn, in einem Urwald hoher Topfpflanzen stehen bunte Schaukeln und Rutschen, es ist still.

Eine Ordensfrau mit mütterlichen Formen und einem runden, gütigen Gesicht bittet mich ins Haus. Schwester Chiara. Sie trägt die blaue Tracht der Vinzentinerinnen, ihr scheues Lächeln lässt vermuten, dass ihr zum Lächeln nicht immer zumute ist. Wir durchqueren eine verwinkelte, blitzsaubere Wohnung, Fototapete, Fische im Aquarium, Plüschtiere auf Regalen, Mitbringsel aus fernen Ländern an den Wänden: anstelle von Dankesschreiben. Jede Kleinigkeit scheint liebevoll an einen nur ihr bestimmten Platz gerückt.

Hinten im letzten Raum hat Schwester Chiara ihren Schreibtisch. Die Ordensfrau, deren Leben im Dienst an Armen steht, nimmt sich Zeit für mich, die ich keine anderen Nöte kenne als ein kurzes Interview zum bevorstehenden Besuch von Papst Benedikt XVI. in der Kinderfürsorgestelle. Für einen Augenblick der Tagesaktualität hatte die Anwesenheit des Pontifex diesen Ort ins Bewusstsein zumindest der Römer gerückt. Zuvor war die 1922 gegründete vatikanische Armenstation selbst langjährigen Vatikan-Berichterstattern kein Begriff. Nur jene, die diesen Ort brauchen, kennen ihn. Tue Gutes - und schweige darüber. Es überrascht nicht, dass in Schwester Chiaras kräftigem Körper eine unverhältnismäßig leise Stimme steckt.

„Das Zentrum will Familien in einer akuten Krisenzeit helfen, die oft da ist, wenn ein Baby kommt", erklärt sie. Dabei ist es ihr wichtig, den Familien eine Art Rundumbetreuung zu bieten. Das bedeutet ärztliche Grundversorgung für Eltern und Kinder, Kleiderkammer, Babynahrung, Windeln, Beratung aller Art, aber auch schlicht ein freundliches Gespräch ohne Blick auf die Uhr. „Wir wollen nicht bloß Adressen verteilen und die Leute von einer Stelle zur anderen schicken, von der Suppenküche zum Armenarzt und zurück, womöglich quer durch die Stadt. Denn das ist unwürdig", sagt die Ordensfrau mit ruhigem Nachdruck.

45 ehrenamtliche Helferinnen und Helfer arbeiten Seite an Seite mit der Schwester: Frauen- und Kinderärzte, Studierende, pensionierte Sprechstundenhilfen, Handwerker, Psychologinnen, patente Großmütter, die in der Kleiderkammer Dienst tun und beim Plaudern mit Eltern und Kindern nebenbei die wahren Probleme der Leute erfahren. Als ich am Nachmittag wiederkomme, empfängt mich Kinderlärm schon vor der Metalltür, Schaukeln und Rutschen sind in Betrieb. Im Inneren geht es bunt zu, acht Mütter mit Nachwuchs stehen da, aus der Ukraine stammen sie, von den Philippinen, aus Mexiko, Paraguay und dem Sudan. Eine heitere Assistentin hat unter Lachen und Scherzen eine Warteliste geschrieben, dann kommt die junge Kinderärztin hereingewirbelt, „der Erste bitte": Das ist der zweijährige Juan, der immer magerer wird.

»Wir wollen nicht bloß Adressen verteilen und die Leute von einer Stelle zur anderen schicken, denn das ist unwürdig.«

Schwester Chiara sitzt gegenüber am Computer. Für jedes Kind hat sie eine mit Vatikan-Wappen versehene Datei angelegt, in der sie über Gewichtszunahmen, Beschwerden und Abhilfen Buch führt. „Hast du es mit dem Kräutertee probiert?", fragt sie die Mutter über den Brillenrand hinweg. Es ist eng in dem Raum, Ärztin, Schwester, zwei Assistentinnen, Reporterin mit Mikrofon, Mutter und Kind. Juan weint und beginnt um sich zu schlagen, die Mutter wird nervös, gibt dem Sohn einen Klaps.

Als die Visite zu Ende ist, begleitet Schwester Chiara die Mexikanerin auf den Gang. Nächste Woche kommt der Psychologe, ob sie Juan vielleicht vorbeibringen möchte? Auf der Höhe der Gartenzwerge holt eine besorgte Assistentin die kleine Familie nochmals ein: eine Strickmütze für Juan, es ist kalt draußen.

Wer in der Fürsorgestelle mitarbeitet, tut das aus christlichen Motivationen heraus, glaubt Schwester Chiara. Zwei der zehn Ärzte sind Universitätsprofessoren. „Die kommen, weil sie sehen, dass sie hier etwas wirklich Nützliches für andere tun können." Der Gynäkologe arbeitet seit 15 Jahren im Zentrum, und noch nie hat eine Zeitung darüber geschrieben. Spekulationen auf Karriere und Ruhm gehen hier fehl. In der Tat ist der Dienst an den Armen von heute eine untergeordnete Arbeit. Keine von kirchenpolitischer Tragweite. Oder doch? „Wir sind im Zentrum der Kirche, wenn man so sagen kann", sinniert Schwester Chiara. „Und gerade hier möchten wir der Mitmensch sein, der ein offenes Herz, eine offene Tür hat und sagt: Du bist mein Bruder, meine Schwester." Die unscheinbare Armenstation ist ein Stück gelebtes Evangelium im Schatten des Petersdoms. Die Tat zum Wort. Der Vatikan selbst unterstützt seine Kinderfürsorgestelle materiell, stellt das Haus und die technischen Geräte der Arzt-

49

praxis zur Verfügung. Gelegentlich geht Schwester Chiara mit einer langen Liste von Medikamenten rund um die Apsis des Petersdomes herum zur vatikanischen Apotheke und holt, was sie braucht. Ein kleiner Schweizer Freundeskreis schickt ein wenig Geld. Hin und wieder kommen Leute vorbei, die Spielzeug und Kleider abgeben. Aber nicht immer nimmt Schwester Chiara diese Spenden gern entgegen. „Es kommt vor, dass uns Leute Sachen geben, anstatt sie wegzuschmeißen. Dann fühle ich mich persönlich beleidigt. Die Armen sind keine Lumpensammler und keine Abfallkübel."

»Wir möchten der Mitmensch sein, der ein offenes Herz, eine offene Tür hat und sagt: Du bist mein Bruder, meine Schwester.«

Schwester Chiara ist ausgebildete Sozialarbeiterin. Sie stammt aus einer praktizierend katholischen Familie und wuchs in Thal auf, unweit des Bodensees und der österreichischen Grenze. Als junge Frau machte sie in Bern ein Fürsorgediplom und ging nach Paris, um in den Bidonvilles zu arbeiten, den Slums der französischen Hauptstadt. Es war 1968, dem Jahr der Studentenunruhen, die später auf die Klasse der Arbeiter übergriffen.

Inmitten der Armut und der sozialen Ungerechtigkeit, deren Folgen die junge Schweizerin Tag für Tag sah, traf sie Menschen, die sie im tiefsten beeindruckten. Ordensfrauen des Heiligen Vinzenz von Paul. „Das hat mich mitgerissen", erinnert sich Chiara Pfister. „Sie haben den Ausschlag dafür gegeben, dass ich mich ihrer Gemeinschaft anschloss." Noch im selben Jahr trat sie der Kongregation als Novizin bei.

700 Kinder führt Schwester Chiara heute in ihrer Computerkartei. „Einige von ihnen haben wir schon vor ihrer Geburt kennen gelernt, bei der Ultraschalluntersuchung", fügt sie

schmunzelnd hinzu. Da entstünden oft lange während Bindungen. Dass bei manchen ihrer Schützlinge mitunter auch eine strenge Hand Not tut, verbirgt sie nicht. „Es geht ja nicht darum, sich über den anderen zu beugen und zu sagen: du Armer", sagt die robuste Schweizerin. „Manchmal muss man arbeiten wie ein Chirurg. Da braucht es harte Eingriffe zum Wohl des Anderen. Wir möchten dem ja helfen, weiterzugehen." Das Zentrum zu verlassen und nie mehr auf fremde Hilfe angewiesen zu sein.

Die Familien, die das Zentrum brauchen, sind nicht alle katholisch. Manche sind orthodox, andere Moslems oder Hindus, einige gehören Sekten an. Als Mittel zur Missionierung betrachtet die Schwester ihren Einsatz nicht. Auch wenn es sie im Stillen freut, dass hin und wieder jemand nach einer Bibel fragt. „Und vor kurzem hat uns ein Familienvater, den wir früher betreut haben, zwei, drei Exemplare des Koran geschenkt. Den habe ich am Schluss des Ramadan an Moslems verteilt. Die hatten riesige Freude daran! Da gibt es dann einen Austausch über Glaube und Gebet."

Wenn sie mit den Mitschwestern zu Beginn des Tages in der Kapelle des Gästehauses betet, kommt ihr am häufigsten die berühmte Stelle bei Matthäus in den Sinn: „Was ihr dem geringsten meiner Brüder getan habt, das habt ihr mir getan." „Es ist nicht so, dass wir in der Hektik des Tages, zwischen Milchpulver, Hustensaft und Wartelisten, immer an Bibelverse denken können", stellt die Schwester klar. Doch ohne das Gebet wäre sie nicht sie selbst. Die Menschen, für die sie da ist, wissen das.

Dass sie niemanden zum Gebet einlädt, dafür hat Schwester Chiara eine überzeugende Begründung. „Echtes Christentum muss man nicht propagieren", sagt sie mit leiser Stimme. „Man soll es spüren und erleben vom Mitmenschen."

Die Augenöffnerin

Die Vatikanischen Museen sind ein hervorragender Ort, sich einen Kulturschock nach allen Regeln der Kunst zu holen. Wo berückend Schönes in allzu geballter Form auf das Auge trifft, wird der Mensch hilflos und schwächelt sein Gemüt. In dieser Lage müsste er das Glück haben, auf Maria Serlupi Crescenzi zu treffen. Die Kunsthistorikerin ist in den Museen für Sonderführungen zuständig. In dieser Funktion begleitet sie etwa Staatsgäste und gekrönte Häupter durch die herrlichen Sammlungen. Vorbereitete Erklärungen und feste Rundgänge hat sie nicht. Lieber sieht sie den Leuten in die Augen, fragt nach und hört zu.

Maria Serlupi Crescenzi
Kunsthistorikerin

»Die Vatikanischen Museen sind ein
Laufsteg der Welt.«

Gut sichtbar klebt die jeweils wichtigste Information im Büro von Maria Serlupi Crescenzi auf einem gelben Zettel an der Kopflehne ihres Bürostuhls. „Heute 17.10 Uhr Staatspräsident Costa Ricas mit Gefolge", könnte da stehen. Oder: „Dalai Lama am Glockenbogen abholen." Im Regelfall hat es die Kunsthistorikerin mit Gästen zu tun, die davor oder danach in Privataudienz vom Papst empfangen werden. Hin und wieder auch mit Forschern auf Durchreise, die etwa über Kachelöfen der Renaissance arbeiten und einen Blick auf die Heiztechnik in den – an sich unzugänglichen – historischen Badezimmern der Päpste zu werfen wünschen.

Sie alle empfängt Maria Serlupi Crescenzi mit der Herzlichkeit der geborenen Gastgeberin. Schon auf den ersten Blick ist sie eine Frau, die im anderen nicht das Trennende sucht, sondern das Verbindende. Ihr Gegenüber behandelt sie stets auf derselben Augenhöhe. Ein Charakterzug, der sie für ihre Tätigkeit prädestiniert, denn die 50-Jährige begleitet Menschen aus sämtlichen Kulturkreisen der Welt durch den Vatikan. Nicht alle sind sattelfest in Kirchen- oder Kunstgeschichte – warum auch. „Doch es ist niemand, wirklich niemand darunter, der uns als Pausenfüller betrachtet und gar nichts mit den Vatikanischen Museen anfangen kann", hat Serlupi beobachtet.

Gut möglich, dass das an ihrer Art der Vermittlung liegt. Wo ihr Fachwissen gefragt ist, schöpft die Kunsthistorikerin aus dem Vollen. Sonst aber verlegt sie sich gerne aufs Zuhören und Hinsehen. „Eine Führung zu machen, heißt nicht, in einem fort zu reden. Im Gegenteil! Es reicht ja, den Leuten in die Augen zu schauen, dann entsteht Sympathie, dann entsteht Interesse. Es wird ein Geben und Nehmen. Diesen menschlichen Aspekt finde ich das eigentlich Faszinierende an meiner Arbeit."

Deshalb lässt sich die elegante Adlige vom Protokoll kein Korsett anlegen. Das Wohl ihrer Gäste ist ihr zu kostbar. Auch das Kaiserpaar aus Japan muss sich darüber gefreut haben. „Die Japaner kamen zu unzähligen Vorbesprechungen, und irgendwann begannen sie hier die Gänge zu vermessen und den Besuch regelrecht zu choreographieren. Am Ende gaben sie mir ein Blatt, auf dem stand: acht Sekunden Sprechen über den

»Zupft mich doch einfach am Ärmel, wenn ich zu ausführlich werde!«

Belvedere-Hof, 20 Meter nach rechts, acht Sekunden Sprechen über die Laokoon-Gruppe ...“ Die Italienerin nahm diese kulturelle Hürde mit Charme. „Ich sagte: Zupft mich doch einfach am Ärmel, wenn ich zu ausführlich werde!“ So geschah es. Kaiser Akihito und Kaiserin Michiko erhielten eine so unverwechselbare wie kundige Führung durch die Kunstschätze der Päpste, die ihren Zeitplan nicht durcheinander brachte.

„Die Vatikanischen Museen sind ein Laufsteg der Welt“, meint Maria Serlupi Crescenzi, die neben ihrer Muttersprache fließend Englisch und Französisch sowie passables Spanisch spricht. Unzählig die Gäste, an die sie bleibende Erinnerungen knüpft. Kubas Staatschef Fidel Castro zum Beispiel beeindruckte sie nicht nur, weil er so viel wusste. „Castro hatte bloß für die Sixtinische Kapelle Zeit. Aber er war vielleicht derjenige meiner Gäste, der die meisten Fragen stellte. Zum Beispiel über Beutekunst, die zur Zeit Napoleons aus Rom verschwand.“ Besonders sympathisch war der Kunsthistorikerin die englische Königin Elizabeth. Laura Bush kam zwei Mal, und Leah Rabin mit ihren Kindern wenige Tage nach der Ermordung ihres Ehemannes Itzak Rabin, „ein Besuch mit einer enormen emotionalen Tiefe. Unvergesslich." Der finnische Premierminister Paavo Lipponen hingegen präsentierte sich mit Ehefrau und zwei Monate alter Tochter im Kinderwagen. „Während der Führung mussten wir Pausen einlegen, um das Baby zu füttern. Und ausgerechnet in dem Augenblick, als wir die Sixtina betraten, hat das Kind zu schreien begonnen. Offenbar hielt es nichts von Michelangelo ...!"

Die Sixtina ist ein „Muss", ansonsten macht Serlupi Crescenzi die Stationen des Rundgangs vom Augenblick und von den Gästen abhängig. Das erfordert große fachliche Souveränität, denn die vatikanischen Museen umfassen hunderte Räume, und ihre Schätze reichen von den alten Ägyptern bis zur zeitgenössischen Kunst. Bischöfe aus Zentralasien interessieren sich für anderes als schwarzafrikanische Premierminister. „Ich bereite mich auf keine Führung speziell vor", bekennt die Kunsthistorikerin. „Ich spiele lieber Wunschkonzert!" Da ist ein gut bestücktes Arsenal an Anekdoten und ad hoc abrufbarem Wissen zum Vatikan insgesamt gefragt; etwas, das mit der Erfahrung wächst. „Als ich vor 16 Jahren hier begann, war ich ein Nervenbündel", erinnert sie sich lachend. „Jemand schickte mich zum Glockenbogen, um einen Staatsgast in Empfang zu nehmen, und ich wusste nicht einmal, wo das war!"

Kaiser und Könige, Staatsgäste und Wissenschaftler mit Forschungsauftrag müssen selbstverständlich nicht Schlange stehen, um in die Museen zu gelangen. Für sie gelten eigene Öffnungszeiten. Wenn das allgemeine Publikum nachmittags das Haus verlassen hat, schlägt die Stunde der Sonderführungen. „Aber wir haben mittlerweile unsere Mühe, alle Gäste in der zur Verfügung stehenden Zeit unterzubringen", sagt Serlupi Crescenzi. Auch nach den regulären Öffnungszeiten geht das Geschiebe und Gedränge in den angeblich

57

sieben Kilometer langen Raumfluchten weiter. Im Jahr 2005 verzeichneten die Museen, Billigfliegern sei Dank, fast vier Millionen Besucher, ein Viertel mehr als im Heiligen Jahr 2000. Die Auslastungsgrenze ist überschritten.

So hat auch Maria Serlupi Crescenzis Verschleiß an gelben Klebezetteln gehörig zugenommen. In ihrem engen,

»Ich bereite mich auf keine Führung speziell vor. Ich spiele lieber Wunschkonzert!«

vollen Büro ruht auf einer Ablage ein silberfarbener Helm. Die Kunsthistorikerin, die aus altem römischen Adel stammt, fährt jeden Morgen mit dem Moped zur Arbeit. Weit hat sie es nicht: Der Renaissance-Palazzo, der den klingenden Namen ihrer Familie trägt, liegt im historischen Zentrum Roms unweit des Pantheon.

In ihrer Freizeit arbeitet Maria Serlupi Crescenzi ehrenamtlich in einer Sozialeinrichtung, dem vatikanischen Kinderfürsorgezentrum Santa Marta. Auch ihre 16-jährige Tochter hilft dort hin und wieder aus und kümmert sich um ukrainische Jugendliche oder bolivianische Migrantenkinder. Einmal hat Maria Serlupi Crescenzi die anderen Ehrenamtlichen und die von ihnen betreuten Familien mit Gratis-Tickets versorgt und durch die päpstlichen Museen geführt. Sie empfing die Leute, eine bunte Gruppe Armer aus vier Kontinenten, sah ihnen in die Augen und fragte, was sie interessieren könnte. Genau so, wie sie es beim japanischen Kaiserpaar gemacht hat.

Die Neo-Feministin

Sie lehrt Rechtswissenschaft in Harvard, einer der renommiertesten Universitäten der Welt. Sie hat drei Töchter, einen jüdischen Ehemann, ein ausnehmend charmantes Auftreten und sehr klare Vorstellungen vom Auftrag der Frau in der Welt und in der Kirche heute. Die US-Amerikanerin Mary Ann Glendon, 75, leitet seit 2004 die päpstliche Akademie für Sozialwissenschaften.

Die Sitzungen der päpstlichen Akademie für Sozialwissenschaften finden zweimal jährlich im Vatikan statt. Aus zeitlichen Gründen konnte Mary Ann Glendon nicht für ein persönliches Gespräch zur Verfügung stehen, sie war aber gerne dazu bereit, ein Interview via E-Mail zwischen neuem und altem Kontinent abzuwickeln.

Mary Ann Glendon
Juristin

»Keine Kraft der Geschichte hat zur
Förderung von Frauen mehr getan
als die katholische Kirche.«

Sie waren die erste Frau, die jemals eine offizielle Delegation des Heiligen Stuhles angeführt hat. Es handelte sich um die UNO-Frauenkonferenz in Peking 1995. Aus dem Abstand der Jahre betrachtet, sind Sie zufrieden mit den Resultaten, die Sie damals erzielt haben?

Wenn ich an diese Pekinger Konferenz zurückdenke, war sie dominiert von Feministinnen des Typs 70er Jahre aus den teilnehmenden Nationen. Ich denke, die Delegation des Heiligen Stuhles kann stolz darauf sein, die Stimme von Frauen eingebracht zu haben, deren Anliegen sonst vernachlässigt worden wären. Damit meine ich einerseits die Belange von Frauen in armen Ländern, wie Gesundheitsversorgung, Ernährung und Hygiene, und andererseits den Wunsch jüngerer Frauen auf der ganzen Welt nach einem allgemeinen Feminismus, der Männern, Ehe und Mutterschaft nicht feindlich gegenübersteht. Ein Feminismus, der Männer und Frauen nicht als Gegenspieler sieht, sondern eher als Partner.

Wie stark hat sich die Lage von Frauen seit der Pekinger Konferenz verändert?

In unserer Zeit haben Frauen mehr juristische Rechte als je zuvor in der Geschichte. Doch gleichzeitig ist ihre Würde, ihr Wert als Menschen, in vielerlei Hinsicht gefährdet. Ich nenne fünf Beispiele: Keine Anerkennung von Betreuungsarbeit; Nachteile in der Arbeitswelt für Frauen, die der Familie den Vorrang geben; die steigende Wahrscheinlichkeit von Scheidung, die ein „Ja" zur Familie riskant macht; die Mittellosigkeit, die so viele von Frauen geleitete Haushalte bedroht, und schließlich die wachsende Gefahr sexuell ubertragbarer Krankheiten. Die Frauen, die am meisten von wirtschaftlichen Möglichkeiten profitieren, sind jene ohne Kinder. Die Frauen, die am wenigsten profitieren, sind jene, die Kinder oder andere Abhängige betreuen.

Wird der Heilige Stuhl in einer Debatte über Frauenrechte überhaupt ernst genommen?

Auf internationaler Ebene sehr, und zwar sogar von jenen, die seine Haltungen in bestimmten Fragen nicht teilen. Seine Vertreter in der UNO sind die einzigen, die zu einer Organisation gehören, deren Wirkungskreis sich über die ganze Welt erstreckt – so wie die UNO. Die Kirche hat enorm vielfältige Erfahrungen, denn sie unterhält über 350.000 Einrichtungen für Erziehung, Gesundheit und Versorgung, die in jeder Region der Erde insbesondere für die Armen da sind. Wenn es um Frauenfragen geht wie in Peking, wird die Kirche normalerweise von katholischen Frauen repräsentiert, die erprobt darin sind, die katholische Soziallehre auf tagesaktuelle Themen anzuwenden.

Und auf lokaler Ebene?

In lokalem Rahmen wird oft die Forderung laut, besonders von Seiten der Abtreibungsbefürworter, dass die Kirche nicht ernst genommen werden sollte, wenn sie über Frauenthemen spricht. Doch allein die Tatsache, dass so eine Forderung dauernd aufkommt, belegt die Überzeugungskraft und Wirksamkeit des kirchlichen Eintretens für die schwächsten und verwundbarsten Mitglieder der Menschenfamilie.

63

Manche Menschen finden es schwierig zu akzeptieren, dass die Kirche sich für Frauenrechte einsetzt, weil sie eine rein männliche Hierarchie hat. Wie würden Sie das sehen?

Bemühungen, die katholische Kirche als eine Bastion des Patriarchats und der Unterdrückung der Frau darzustellen, überzeugen angesichts der Geschichte und der gegenwärtigen Realität nicht. Von Anbeginn an war die Kirche ein zuverlässiger Verbündeter von Frauen in ihrem Streben nach Freiheit und Würde. In der alten Welt, in der Polygamie häufig war und Männer ihre Ehefrauen wegschicken konnten, war es eine erstaunliche Errungenschaft der frühen Kirche, Akzeptanz für ihre Ideale der monogamen und nicht auflösbaren Ehe zu gewinnen. Später war es abermals die Kirche, die gegen die arrangierte Ehe ohne Zustimmung der Brautleute auftrat. Im frühen 20. Jahrhundert half die katholische Soziallehre, eine Sozialpolitik voranzubringen, die Mütter und Kinder schützte. Die Kirche war Pionierin in der Bildungsarbeit für Frauen, öffnete ihnen Möglichkeiten, wo andere sich für die intellektuelle Entwicklung von Mädchen nicht interessierten. Und heute ist der Heilige Stuhl, wie gesagt, eine unermüdliche Anwältin gerade jener Frauen, deren Stimmen in den Vorzimmern der Macht selten gehört werden: Migrantinnen, Flüchtlinge, Arme, und Mütter ganz allgemein. Oft stand die Kirche allein mit ihrer Ansicht, dass es keinen wirklichen Fortschritt für Frauen geben kann, ohne ihre Rolle in der Familie zu respektieren. An diese herausragenden Fakten zu erinnern, heißt nicht, Ungerechtigkeiten, die ebenfalls aufgetreten sind, zu verleugnen oder zu entschuldigen. Doch mitunter muss einfach herausgestrichen werden, dass keine andere Kraft in der Geschichte mehr als die katholische Kirche zur Förderung von Frauen beigetragen hat.

Wenn wir nun den Blick auf Frauen und ihre Aufgaben innerhalb der Kirche heute richten, welche Tendenzen beobachten Sie da?

Wir sehen heute Ordensfrauen und weibliche Laien in vielen Rollen, die früher – teilweise oder zur Gänze – Priestern, Männern oder Knaben vorbehalten waren. In kirchlichen Bildungs- und Gesundheitseinrichtungen gibt es eine Menge weiblicher Führungskräfte. Ebenfalls stark vertreten sind Frauen in Pfarr- und Diözesanräten. Tatsächlich ist ihre Präsenz sogar derart beherrschend in pastoralen, Bildungs-, Verwaltungs- und Beratungsrollen, dass ich ernsthaft meine, wir sollten unsere Aufmerksamkeit mittlerweile dem Mangel von Männern in den Pfarreien und in der Glaubenspraxis widmen. Das momentane Ungleichgewicht schafft den Eindruck, dass Religion hauptsächlich für Frauen ist. Das entzieht Jugendlichen wertvolle Beispiele und verhindert die Entwicklung überzeugender Modelle von gegenseitiger Ergänzung.

Die katholische Kirche schließt Frauen vom Priesteramt aus. Warum fällt es ihr in der heutigen westlichen Welt mitunter schwer, dafür Verständnis zu finden?

Hauptsächlich liegt das wohl daran, dass die Idee der formalen Gleichheit in der zeitgenössischen Vorstellung sich heute sehr tief verwurzelt hat. So tief, dass viele Menschen annehmen, formale Gleichheit passe für jede Lage und für jede menschliche Institution. In den USA hat dieses strenge Verständnis von Gleichheit dazu geführt, dass etwa spezielle Erleichterungen für Mütter am Arbeitsplatz rechtlich problematisch wurden. Dieselbe zweifelhafte Annahme hat das gesamte Gebiet der Erziehung einschließlich des Turnunter-

richts revolutioniert, obwohl es offensichtlich ist, dass viele Mädchen wie Knaben von getrenntgeschlechtlichen Gruppen und von manchen Arten differenzierter Behandlung profitieren.

Wo führt das Ihrer Ansicht nach hin?

Die Frage, die wir uns angesichts dieses Feldzugs gegen alle Formen von Rollendifferenzierungen stellen müssen, ist, ob es dem Gemeinwohl wirklich nützt, wenn wir eine Unisex-Gesellschaft anpeilen, in der jede soziale Struktur von der

Familie an nach streng geschlechtsneutralen Prinzipien organisiert ist. Oder wären wir alle besser dran in einer Gesellschaft, die Raum für Ausprobieren und für Andersheit lässt, Raum für Mütter mit Kleinkindern, Raum für konfessionelle oder getrenntgeschlechtliche Schulen, Raum für Kirchen, die ihren Mitgliedern viel abverlangen, Raum für eine Kirche, in der einige Aufgaben Männern vorbehalten bleiben? Mir scheint, es ist das letztere Modell, das die Verschiedenheit und die Freiheit der Menschen mehr respektiert.

Die Frauenbewegung des Westens hat ihre Ziele nicht erreicht, wie beispielsweise gleicher Lohn für gleiche Arbeit, erheblich mehr Frauen im öffentlichen Leben und in verantwortungsvollen Positionen, weniger weibliche Armut, und so fort. Was ist aus Ihrer Sicht schief gegangen?

In den USA wurde das Ziel des gleichen Lohns für gleiche Arbeit in dem Sinn erreicht, dass nun tatsächlich eine Gleichheit zwischen Männern und Frauen ohne Kindern besteht. Was schief lief, ist dass der Feminismus alter Prägung mit seinem Beharren auf strikter formaler Gleichheit zu wenig auf die Frage bedacht war, wie Arbeit und Familie in Einklang zu bringen sind. Und was die wachsende Verweiblichung von Armut in Ländern wie den USA betrifft, ist dies weitgehend dem Zusammenbruch der Familie zuzuschreiben. Ein Phänomen, das der Feminismus alter Prägung mit seiner Unterstützung familienfeindlicher Politik mitverantworten muss.

Frauen von heute müssen also eine neue Art von Feminismus auf den Weg bringen. Wofür sollen sie kämpfen – wenn kämpfen das richtige Wort ist?

Während der alte Feminismus der harten Linie verblasst, beginnen neuere feministische Stimmen wirtschaftliche Trends zu hinterfragen, die immer mehr Frauen dazu zwingen, die Familie den Anforderungen der Arbeitswelt unterzuordnen. Sogar Männer lehnen diesen Lebensstil mehr und mehr ab. Weder Männer noch Frauen wollen geschlechtsneutrale Roboter sein, die ihr Leben dem blinden Wirken des Marktes anzupassen suchen. Deshalb ist die Zeit für Feministinnen reif, ihre Verbindungen zu bestimmten Gruppen zu kappen, denen die Interessen von Frauen nicht am Herzen liegen, und statt dessen ihren Widerstand gegen einige Formen von unterschiedlicher Behandlung der Geschlechter zu überdenken. Behalten wir den Artikel 25 der Allgemeinen Erklärung der Menschenrechte im Blick, der besagt: „Mütter und Kinder haben Anspruch auf besondere Fürsorge und Unterstützung." Wenn nun neue feministische Stimmen hörbar werden, ist zu hoffen, dass umsichtige katholische Frauen nicht abseits stehen. Denn mir scheint, dass die kirchliche Soziallehre, die eine neue menschliche Arbeitskultur einfordert, eine gute gemeinsame Basis darstellen könnte.

Papst Johannes Paul II. hat Sie 2004 an die Spitze der Päpstlichen Akademie für Sozialwissenschaft berufen. Es gibt vorerst wenige Frauen, die in verantwortungsvollen Positionen für den Heiligen Stuhl arbeiten. Sehen Sie Ihre Ernennung als Signal für eine größere Offenheit des Vatikans gegenüber Frauen in leitenden Ämtern?

Wie Johannes Pauls Biografen herausgearbeitet haben, war er, anders als viele Priester seiner Generation, ein Mann, der lebenslange Freundschaften mit Frauen und verheirateten Paaren pflegte, und der sich in der Gegenwart von Frauen wohl fühlte. Als Papst arbeitete er daran, alte Gewohnheiten und Haltungen gegenüber Frauen zu verändern. In „Vita Consecrata" zum Beispiel bat er seine Brüder im Priesteramt dringend, „konkrete Schritte zur Schaffung von Raum für Frauen zu setzen, damit sie in verschiedenen Feldern und auf allen Stufen teilhaben können, auch in Entscheidungsprozessen, besonders aber in Angelegenheiten, die Frauen selbst betreffen." Und in seinem Brief von 1995 an mich und die anderen Teilnehmer der Delegation des Heiligen Stuhles zur Weltfrauenkonferenz in Peking appellierte er in besonderer Weise an Frauen der Kirche, „neue Formen der Leitung im Dienst zu übernehmen"; und er lud alle Institutionen der Kirche dazu ein, diesen Beitrag von Frauen willkommen zu heißen.

Zweifellos gibt es viele Bereiche der Kirche, in denen diese eindeutigen Ermahnungen noch nicht in die Praxis umgesetzt wurden. Und doch haben wir Grund zu erwarten, dass das Tempo der Änderungen sich beschleunigen wird. Denn heute finden sich unter den Priestern immer mehr Männer, die von Johannes Paul II. inspiriert sind – eingeschlossen junge Priester, die, so wie er, viele Frauen zu ihren Freunden zählen.

In der westlichen Welt scheint die Zahl der Abtreibung, allen Anstrengungen zum Trotz, zu steigen. Das ist ein psychologisch wie sozial außerordentlich schmerzvolles Thema. Die katholische Kirche verurteilt die Abtreibung, aber nicht die Frau, die abtreibt. Welche Strategien sind zur Bekämpfung der Abtreibung sinnvoll?

Diese Frage möchte ich gerne überspringen. Ich habe so viel über diese Themen geschrieben, dass es mir paradoxerweise schwer fällt, meine Gedanken zusammenzufassen.

Ihr Ehemann ist jüdischen Glaubens. Ist der Unterschied im Glauben etwas, das Sie persönlich als bereichernd empfunden haben?

Mein Mann, Edward Lev, ist in einer sehr säkularen, nicht-religiösen jüdischen Familie aufgewachsen. Obwohl er nicht die Gnade des Glaubens empfangen hat, hat er die katholische Kirche immer geschätzt und an der katholischen Erziehung unserer drei Töchter mitgewirkt. Er besucht sogar jeden Sonntag mit uns die Messe. Und wie viele Juden hat mein Mann in seinem Herzen einen besonderen Platz für Papst Johannes Paul II.

Sie haben drei Töchter, von denen eine als Kunsthistorikerin in Rom lebt. Hat Ihre Familie eine vererbte Neigung für Italien?

Meine Tochter Elizabeth Lev unterrichtet Kunstgeschichte in Rom und schreibt für mehrere katholische Publikationen. Aber meine anderen beiden Töchter, Sarah Hood und Katherine Joyce, leben ganz in der Nähe von uns in der Gegend um Boston.

Sprechen Sie Italienisch?

Ich versuche es! Jedenfalls kann ich es ohne Schwierigkeiten lesen. Aber die weite Verbreitung von Englisch bringt es mit sich, dass wir Englisch-Sprechenden nicht genug Chancen bekommen, unsere anderen Sprachen zu üben!

Papst Benedikt XVI. stammt aus einem Land, in dem unabhängiges und kritisches Denken als großes Gut gilt. Glauben

Sie, dass es unter dem deutschen Papst zu einer neuen Sicht auf die Frauenfrage kommen wird?

So weit ich sehe, schätzt Papst Benedikt den intellektuellen Dialog. Es würde mich nicht überraschen, wenn er, auf dem Erbe Johannes Paul II. aufbauend, in dieser Frage neue und interessante Ansätze findet.

Die Netz-Schwester

„Gott wohnt im Internet", sagt Schwester Judith Zoebelein. Die US-amerikanische Ordensfrau mit deutschen Vorfahren betreut den Web-Auftritt des Heiligen Stuhles von der Stunde Null an. Im Internet, in dem es so viel Schund gibt, soll die vatikanische Seite „ein heiliger Ort sein", wünscht sich die Franziskanerin.

Sr. Judith Zoebelein
Internet-Verantwortliche

»Gott wohnt im Internet.«

Apostolischer Palast. Vorne oben wohnt der Papst, hinten unten geht es zum vatikanischen Internet-Büro. Keine Spur von Herrlichkeit auf diesen Höhen: ein fensterloser Gang, ein Portal mit Überwachungskamera und Gegensprechanlage. In einem niedrigen Raum flimmern dicht an dicht die Bildschirme, von der Rückwand lächelt der Heilige Vater ins Neonlicht. Hier arbeitet das Kernteam, mittendrin die Chefin – Schwester Judith. „Vuole? – Mögen Sie?", lächelt sie und hält dem Gast eine Packung Grissini hin. Die 57-jährige Franziskanerin hat das unkomplizierte Auftreten, das man Amerikanern gerne nachsagt.

Vielleicht brauchte sie das auch, als sie vor vierzehn Jahren im Vatikan landete. Judith Zoebelein, gebürtige New Yorkerin mit bayerischen Vorfahren, hatte an der Uni englische Literatur studiert und war herumgekommen in der Welt. Thailand, Iran, Mexiko stehen als Haltestellen in ihrem Lebenslauf. Unruhig sei sie damals gewesen, erzählt sie, und auf der Suche nach etwas, das ihrem Innersten Ordnung, Sinn und Ziel gab. Mit 30 Jahren fand sie, wonach sie sich sehnte. Judith Zoebelein trat den Franziskanerinnen der Heiligen Eucharistie bei, legte in Conneticut in der amerikanischen Provinz braune Ordenstracht und schwarzen Schleier an.

Ab da wurde alles anders im Leben der jungen Amerikanerin. Aus dem Suchen wurde ein Geben. Erst unterrichtete Schwester Judith, deren Vater sich schon in den 50er Jahren mit Computern beschäftigt hatte, mittellose Einwanderer im Umgang mit der EDV. Danach schickte die Oberin sie nach Jerusalem. 1991 berief der Vatikan Schwester Judith in seine „Schaltzentrale".

Gewohnte Tätigkeit, neues Publikum: Die Ordensfrau hielt Computerschulungen für die ersten Kurienleute ab. „Ich erinnere mich noch daran, wie ich einigen Kardinälen den Gebrauch der Maus erklärte", schmunzelt sie. Nebenbei kümmerte sie sich um den Einkauf weiterer Rechner für den Vatikan. Die große Herausforderung namens Internet stand vor der Tür.

Dass der Heilige Stuhl eines Tages eine der umfangreichsten und bestbesuchten Webseiten der Welt haben würde, war damals, in den frühen 90er Jahren, keineswegs abzusehen. Einige Prälaten standen dem unbekannten Medium nicht eben wohlwollend gegenüber, die Verwaltung erledigte ihre Arbeit seit vielen hundert Jahren mit Brief und Siegel, Post und Boten. Eine Handvoll technikbegeisterter nordamerikanischer Erzbischöfe war es schließlich, die zur richtigen Zeit an den richtigen Knöpfen drehten und Startkapital sowie Know-how aus den technologisch fortgeschrittenen USA besorgten. Einer von ihnen war Erzbischof John Foley, Präsident des päpstlichen Medienrates. Er sicherte dem vatikanischen Webauftritt die exklusive Länderkennung „va".

Papst Johannes Paul II., bar jeder Erfahrung mit dem Computer, erkannte die Chancen des neuen Mediums augenblicklich. „Legt mal los!" soll er seinem Pressesprecher gesagt haben, als der ihm 1995 das neue Medium Internet vorstellte. Der Auftrag ging an Schwester Judith. Die bat zunächst ihre Mitarbeiter zu sich. „Wir haben uns zusammengesetzt und gefragt:

»Ich erinnere mich noch daran, wie ich einigen Kardinälen den Gebrauch der Maus erklärte.«

Wie können wir dieses wunderbare Instrument für die Kirche nutzen? Was wollen wir vermitteln, und wie? Wonach werden Menschen auf unseren Seiten suchen?" Die umtriebige Ordensfrau schrieb ein Konzept, bekam den Segen des Papstes und machte sich an die Arbeit.

Zu Weihnachten desselben Jahres brachte sie den Heiligen Stuhl ins Internet. Schwester Judith wird dieses Fest nie vergessen. Am 25. Dezember 1995 ging eine einzige Seite online, auf der sich die Weihnachtsansprache des Papstes fand, der traditionelle Segen „Urbi et Orbi" und eine E-Mail-Adresse. In den ersten 48 Stunden besuchten 300.000 Menschen aus 70 Ländern die Internet-Seite des Vatikans. Mehr als 1.000 Mails trafen ein. Ein Priester aus Kanada freute sich darüber, dass er die Weihnachtspredigt des Papstes lesen könne, während er seine eigene vorbereitete. Ein Mädchen namens Sarah aus den USA meinte, der Papst habe sich zu Weihnachten erkältet, und riet ihm, Hühnersuppe zu sich zu nehmen, die würde ihn gesund machen. Kurz: Die Seite war ein durchschlagender Erfolg. Allerdings traf die elektronische Post in so unerwartet großer Menge ein, dass Schwester Judith darum bat, die Mailadresse wieder vom Netz zu nehmen. „Niemand hier hätte die Zeit gehabt, sich diesen Menschen und ihren Anliegen zu widmen. Und das ist nicht recht."

Heute verzeichnet die Adresse www.vatican.va zehn Millionen Zugriffe täglich, was sie zu einer der meistbesuchten Webseiten der Welt macht. Das Internet-Büro des Papstes hat 13 Mitarbeiter, rund die Hälfte davon Frauen, und alle Laien. Gerade arbeitet das Team an einer zweiten Website. Sie soll in Kürze freigeschaltet sein und sich der Kirche in der Welt widmen. Es soll mehr „menscheln" in diesem Instrument der Verkündigung. Deshalb wird diese Seite auch wieder die Möglichkeit bieten, dem Papst E-Mails zu schicken. Die werde natürlich nicht der Papst persönlich beantworten, erklärt Schwester Judith – vielmehr gehen sie an die entsprechenden Diözesen. „Wenn dann jemand schreibt, meine Frau stirbt an Krebs, hilft mir denn niemand? Dann kann am nächsten Tag jemand an die Tür dieses Menschen in Not klopfen."

»Wir wurden noch kein einziges Mal gehacked.«

Mit dem schmalen Gesicht und den grauen Locken unter dem Schleier erinnert die Franziskanerin frappant an Österreichs

Friedensnobelpreisträgerin Bertha von Suttner, die bis zur letzten Stunde der alten Währung vom Tausend-Schilling-Schein lächelte und heute die Rückseite der Zwei-Euro-Münze ziert. Schwester Judith kämpft nicht direkt gegen den Krieg, doch mit ihrer Arbeit an Bildschirm, Maus und Tastatur steht sie auch an einer anderen Front als die meisten ihrer Mit-

»Ich gehöre noch woanders hin als an meinen Arbeitsplatz. An einen spirituellen Ort gleichsam.«

schwestern. „Manche gehen ganz im Dienst an Kranken auf, andere sind geborene Lehrerinnen. Ich lebe meine Berufung eben zwischen Computern, im World Wide Web."

Dass ihre braune Ordenstracht fremd wirkt im hektischen Kunstlicht-Ambiente, hält Schwester Judith für ein Plus. „Vielleicht kann ich damit Fragen provozieren. Dieses Kleid macht klar: Ich gehöre noch woanders hin als an meinen Arbeitsplatz. An einen spirituellen Ort gleichsam." Eine Überlegung, die das Charisma des Heiligen Franz von Assisi in sich trägt: „Wir Franziskaner gehen ja davon aus, dass jeder einzelne Teil der Schöpfung eine spirituelle Dimension hat, eine Art angeborener Heiligkeit. Nur wenn wir Dinge missbrauchen, werden sie in sich böse." Das gelte auch für das Internet, sagt die Schwester und fügt hinzu: „Im World Wide Web, in dem es so viel Schund gibt, soll unsere Seite ein heiliger Ort sein."

Das vatikanische Internet-Büro selbst ist vielleicht kein heiliger, aber ein freundlicher Ort. Dafür sorgt die Schwester eigenhändig. Einem US-amerikanischen Praktikanten, der sich inmitten all der Köstlichkeiten italienischer Küche nach mexikanischen Maisgebäck wie zu Hause sehnte, gab die Landsfrau nicht etwa den Rat, die nächste Trattoria aufzusuchen. Höchstpersönlich suchte und fand die Vorgesetzte einen römischen Feinkostladen, der importiertes Maisgebäck führte, erin-

Ich habe diese Karte gefunden in dem Buch

Haben Sie dieses Buch

☐ gekauft   ☐ geschenkt bekommen?

Sind Sie auf das Buch aufmerksam geworden durch

☐ einen Prospekt

☐ eine Anzeige in

☐ eine Buchbesprechung in

☐ eine Empfehlung

☐ Ihren Buchhändler?

Wie hat Ihnen das Buch gefallen?

☐ sehr gut   ☐ mittelmäßig   ☐ gar nicht

☐ Bitte informieren Sie mich regelmäßig über aktuelle Bücher des St. Benno-Verlages.

Folgende Themen interessieren mich besonders:

☐ Geschenkbücher

☐ Kalender

☐ Spiritualität / Gebetbücher

☐ Kirche aktuell

☐ Theologie

Name   Vorname

Straße, Hausnummer   PLZ, Ort

nerte sich der Praktikant noch Jahre später mit Rührung. Mutterinstinkt? Oder ein Reflex des „weiblichen Genius", wie Papst Johannes Paul II. in seinem Apostolischen Schreiben „Die Würde der Frau" (Mulieris Dignitatem, 1988) die Besonderheit weiblichen Denkens und Handelns nannte?

Frauen haben, davon ist auch Schwester Judith überzeugt, ihr eigenes Gespür für Zusammenhänge und für Sensibilitäten anderer. Und sie sind kommunikativ. Wo sollten diese Qualitäten besser aufgehoben sein als an einem Ort, dessen erklärtes Ziel die Verbreitung der Frohen Botschaft auf der ganzen Welt ist?

So gesehen, kann man es geradezu als vertane Chance werten, dass im Vatikan nur 15 Prozent der Belegschaft weiblichen Geschlechtes sind. Warum das so ist? Schwester Judith hat dafür eine pragmatische Erklärung: „Es müssten mehr Frauen für freie Stellen vorgeschlagen werden. Das kann allerdings nur geschehen, wenn die Verantwortlichen persönlich genug qualifizierte Frauen kennen. Und das ist wohl auch eine Generationenfrage."

Im Maschinenraum werden gerade neue Rechner geliefert. Auch hier, wo alle Drähte zusammenlaufen, sitzt eine Frau an den Schalthebeln: Anna Hypiak aus Polen. „Unsere Großrechner tragen Engelsnamen", lacht die junge Frau mit den strahlend grünen Augen. Die beiden wichtigsten Maschinen heißen Serafin und Gabriel, Raphael ist für die elektronische Post zuständig. Anna Hypiak glaubt so wie ihre Vorgesetzte, dass die Schutzengel ein Auge haben auf die Rechner im Dienst des Papstes. „Wir wurden noch kein einziges Mal gehacked", bestätigt Schwester Judith. Kein einziges Mal also haben es Eindringlinge geschafft, die vatikanische Webseite zu knacken. „Thanks to God." Der päpstliche Palast scheint einen besonders guten Draht nach oben zu haben.

Den Papst verdeutschen

Die Altphilologin Sigrid Spath hat Zehntausende Seiten Dokumente von Papst und Kurie ins Deutsche übersetzt. Seit 1970 arbeitet sie in der Ordenszentrale der Jesuiten und für den Vatikan. Erste Sporen verdiente sie sich unter Paul VI., für Johannes Paul II. lernte sie Polnisch, und für Benedikt XVI. übersetzt sie heute das Gros der Reden und amtlichen Dokumente. Das erstaunt aus mehreren Gründen: Sigrid Spath ist nicht nur Frau und Laie. Sie ist auch evangelisch.

Sigrid Spath
Übersetzerin

»Ich hoffe, Benedikt XVI. kann sich
mit meinem Jargon abfinden.«

Sigrid Spath sprudelt. Das ist das Erste, was man von ihr wahrnimmt: Ein toll schäumender Sturzbach aus Wissen und Können, Erinnerung und Meinung, der sich bricht an unerwarteten Schleusen der Diskretion, ohne die Sigrid Spath nicht wäre, wo sie ist. Immer wieder muss sie sich selbst in Zaum nehmen, das Temperament geht mit ihr durch; vor dem Mikrofon huscht sie dann - in gesenktem Tonfall, aber galoppierend schnell - über nicht zur Weitergabe gedachte Anekdoten. Ein Interview mit Sigrid Spath aufzuzeichnen, ist ein faszinierender Alptraum. Sie changiert zwischen Nuscheln und Burgtheaterdeutsch, sie haspelt und stottert, lässt einzelne Begebenheiten in brillanten Farben aufblitzen, sie nimmt Jahrzehnte im Sturm und verästelt sich in Details, Fakten und Namen, die man nicht nennen darf, um am Ende mit triumphierender Klarheit in ihre Conclusio einzuschwenken. Man hört ihr gerne zu und dankt im stillen für die Erfindung des Tonbandes.

Keiner kann Sigrid Spath ein x für ein u vormachen, wenn es um vatikanische Dokumente geht. Seit den Zeiten Pauls VI. bis heute hat sie 68.000 Seiten an Papst- und Kurientexten ins Deutsche übertragen, das heißt von innen kennen gelernt. Da auch der Pontifex aus Bayern selten in seiner Muttersprache schreibt, sind ihre Dienste gefragter denn je. Neunzig Prozent des päpstlichen Outputs landen auf ihrem Schreibtisch: General- und Privataudienzen, Predigten, Ansprachen an frisch akkreditierte Botschafter oder Bischöfe auf Ad Limina-Besuch.

Sigrid Spath erkennt meist schon an der Anrede, ob der Text aus der Feder des Papstes persönlich stammt. „Für Benedikt ist es selbstverständlich, ‚Liebe Freunde‘, ‚Liebe Brüder und Schwestern‘ oder ‚Meine Damen und Herren‘ zu sagen. Wenn die Anrede wie gestochen daherkommt, in der Art von ‚Sehr verehrte Damen und Herren, Eminenzen, Exzellenzen, geschätzte Brüder im Priesteramt', dann hat das die Behörde gemacht."

Ein echter Ratzinger erschließt sich ihr weiters aus dem „Griff" des Textes. Aus dem Gedankengang, der Art der Argumentation, aus der Formulierung, ja aus der Wortwahl. Französisch schreibt der Papst wie seine Muttersprache, betont die Übersetzerin, die Joseph Ratzinger seit vielen Jahren kennt, seine Bücher gelesen und seine Vorträge gehört hat. Im Italienischen ist er so gut wie fehlerfrei, dennoch weisen gewisse Eigenheiten auf den deutschen Urheber hin.

Das Schlüsselwort des bisherigen Pontifikates? Hier gehen die Meinungen auseinander. Italiener meinen, das Wort „gioia", Freude, als solches identifiziert zu haben, vermutlich, weil Papst Benedikt es mit hingebungsvoll deutschem Zungenschlag als „tschoia" statt „dschoia" ausspricht. „Es ist auf keinen Fall ein griesgrämiges Christentum, das er vertritt", räumt Sigrid Spath ein. Ihrer

»Für Benedikt ist es selbstverständlich, ‚Liebe Freunde' zu sagen.«

Ansicht nach halten ex aequo „ragione", Vernunft, und „carità", christliche Liebe, die Spitzenposition. Der Papst zitiere sich selbst weniger, als sein Vorgänger das tat, mit einer Ausnahme: Rückgriffe auf seine eigene Antrittsenzyklika. „Deus caritas est" (Gott ist Liebe, veröffentlicht im Januar 2006) war bisher eines der wenigen Dokumente, das der Papst auf Deutsch schrieb.

An Joseph Ratzinger bewundert Sigrid Spath die außergewöhnliche sprachliche Dichte, die Fähigkeit, lange Satzperioden auch in freier Rede vollkommen abzurunden und das Geschick, jeweils das richtige Register zu ziehen. Im Oktober 2005 hat sie Benedikts Zwiesprache mit Erstkommunionkindern in Sankt Peter verfolgt. „Keiner hätte ihm das zugetraut! Der große Theologe ist auf Siebenjährige eingegangen, war wirklich kindgerecht. Und trotzdem ist er auf einem hohen Niveau geblieben."

„Anspruchsvoll" ist das Prädikat, das jedem Ratzinger-Text zukommt. Deshalb hat Sigrid Spath „immer ein bisschen Scheu" vor einem Dokument, das mit „Liebe Freunde" überschrieben ist. „Benedikts Muttersprache ist Deutsch, und seine italienische Predigt erscheint in meiner Übersetzung in der deutschen Ausgabe der Vatikanzeitung ‚L'Osservatore Romano'. Ich bringe sozusagen Ratzinger ins Original! Geht das überhaupt? Ich hoffe nur, er kann sich mit meinem Jargon abfinden."

Dass Papst Benedikt ein Freund des Lateinischen ist, freut die Altphilologin sehr. Es erinnert sie an ihre Studienzeit. In Graz und München hatte die Kärntnerin Latein, Byzantinistik sowie die griechischen Kirchenväter studiert und es am Ende zur wissenschaftlichen Assistentin Endre von Ivankas in Graz gebracht, eine der Koryphäen der Byzantinistik in Europa. Italienisch und Französisch waren Freifächer im Gymnasium in Villach gewesen.

Ihre Kenntnisse öffneten der jungen Österreicherin eine Tür in den Vatikan. Das Geheimarchiv schrieb eines Tages einen Lehrgang für lateinische und griechische Archivistik und Kunde der päpstlichen Dokumente aus. Die Aufnahmeprüfung war auf Latein. 40 Kandidaten traten an, neun fanden Gnade vor den Augen des verantwortlichen Kardinals. Sigrid Spath: „Ich war der einzige Nichtpriester! Und evangelisch obendrein. Aber das hat im nachkonziliaren Aufbruch keine Rolle gespielt."

Zwei Jahre dauerte der Kurs, der die junge Frau in den Zirkel hochspezialisierter vatikanischer Kräfte katapultierte. Man

lud sie dazu ein, an der Übersetzung der Briefe Papst Pius'
XII. ins Deutsche mitzuwirken; persönlich lernte sie den cha-
rismatischen deutschen Kardinal Augustin Bea kennen, der
noch heute als Galionsfigur der Ökumene gilt. Mit glühen-
den Ohren machte sich die Lutheranerin später an die Übersetzung seiner gut 1.000-seitigen Biografie. Der Autor des
Buches, Beas Privatsekretär, war es, der Sigrid Spath 1970
an die römische Ordenszentrale der Gesellschaft Jesu empfahl. Die Patres, ausgedünnt durch einen beginnenden Novi-
zenschwund, suchten zum ersten Mal in der Geschichte ihrer
Gemeinschaft zwei Sekretärinnen. Schreib- und Überset-
zungsarbeit sollte nicht länger die kostbare Zeit eines
Ordensmannes in Anspruch nehmen. „Einige italienische
und spanische Patres wollten lieber Nonnen. Aber General
Arrupe sagte: ‚Nix Nonnen!' Und so sind wir, eine amerikani-
sche Kollegin und ich, die ersten Damen bei den Jesuiten
gewesen."
Die Patres wickelten ihre Korrespondenz mit dem Vatikan
damals noch auf Latein ab. Fräulein Spath – so hieß das
damals, auch mit Doktortitel – war am richtigen Ort ange-
langt. Immer wieder betont sie, wie viel Verständnis und
Wohlwollen die Jesuitengeneräle,
erst Pedro Arrupe, dann Peter-Hans **»Ich bringe sozusagen
Kolvenbach, über all die Jahre für Ratzinger ins Original!
ihr Doppelengagement aufbrach- Geht das überhaupt?«**
ten. Bei den Jesuiten hat Spath bloß
eine Halbtagsstelle, doch ihr Büro samt Telefon und Zubehör
darf sie seit 36 Jahren für ihre vatikanischen Übersetzungen
nutzen. Unzählige Male sei es vorgekommen, „dass ‚für drüben' etwas Dringendes zu machen war. Wie oft hieß es dann:
‚Bitte, Frau Spath, zögern Sie nicht!'" Freilich bringe der Deal
dem Orden nicht bloß Nachteile. „Ich bin ja praktisch dau-

ernd hier und stehe selbstverständlich auch den Jesuiten zu Diensten, wenn es pressiert."

Die Ordenszentrale liegt nur wenige hundert Meter vom Petersplatz entfernt, und wegen ihrer Gehbehinderung ist Sigrid Spath dankbar für diese Nähe. Wenn es stimmt, dass Räume nach vielen Jahren die Eigenheiten ihrer Benutzer annehmen, wäre das Büro der Übersetzerin ein gelungenes Beispiel dafür. Es ist klein und bis obenhin voll mit Büchern. Aus den Regalen leuchten farbig die Rücken riesiger Wörterbücher, flankiert von Standardwerken zu Theologie und Kirchenrecht. In Ablagen bunt wie Bienenstöcke lagern Dokumente, Gebetsanliegen und Papstbilder hängen in Augenhöhe, rund um den Bildschirm türmt sich Papier. Man ahnt, dass Sigrid Spath auf Anhieb findet, was sie braucht. Am meisten überrascht die Anwesenheit einer Stereoanlage mit großen Boxen. Die Übersetzerin hat die Nachtstunden nie gezählt, in denen sie hier dringende Homilien oder mit Spannung erwartete Enzykliken ins Deutsche gegossen hat, doch drei Dinge sind ihr dabei unentbehrlich: Schokolade, Kaffee und klassische Musik. Auftraggeber, die das wissen, legen den Papierstapeln gelegentlich Pralinen oder eine CD bei.

Dass bei den Jesuiten eine Frau wirkte, die eine Reihe moderner Sprachen nebst brillantem Latein und Altgriechisch konnte, blieb im Rom der frühen 70er Jahre kein Geheimnis. So holte man sie, als der Vatikan die deutschsprachige Ausgabe des „L'Osservatore Romano" gründete. Ihr erstes Papst-Dokument: „Evangelii Nuntiandi" von Paul VI. – natürlich aus dem Lateinischen. Das war die Feuertaufe. Danach kannten die Kurienchefs keine Scheu mehr, ihre Dokumente zu der sprachkundigen Lutheranerin in das kleine Büro bei den Jesuiten zu schicken.

An jeden „ihrer" Päpste knüpft Sigrid Spath stilistische Erinnerungen. „Paul VI. und seine Ghostwriter hatten ein an-
spruchsvolles Norditalienisch mit barocken Sätzen, die man
zerhacken musste." Der 33-Tage-Papst Johannes Paul I. hielt
von seinen Ansprachen nur eine einzige nach Manuskript
und alle anderen frei. „Aus Neugier ging ich zu einigen seiner Generalaudienzen. Seine Präsenz war unbeschreiblich:
Man hat geglaubt, der spricht mit einem persönlich da in
Sankt Peter. Die Welt-
literatur hatte er im
kleinen Finger, zitierte
Dante und Goethe aus
dem Kopf. Das war ein
Fest! Dann musste man

»Weder dass ich eine Frau bin,
noch meine Körperbehinderung
habe ich im Vatikan in irgendeiner
Weise als Manko erleben müssen.«

warten, bis die zuständigen Leute das alles vom Band abge-
tippt hatten. Dutzende Journalisten standen da und wollten
die Abschrift und die Übersetzung."
Auch unter dem anfänglichen Athleten-Papst Johannes Paul
II. musste es immer schnell gehen. Dafür waren einige seiner
Texte und besonders die Reden an Jugendliche, die Wojtyła
bis zuletzt selber schrieb, reinste Poesie. Der polnische Papst
litt außerordentlich unter der Ghettoisierung im Apostolischen Palast, glaubt Sigrid Spath. In seinen ersten Amtswo-
chen sah sie ihn mehrmals am frühen Morgen, als sie per
Taxi ihre in der Nacht entstandenen Arbeiten beim „L'Osservatore" ablieferte. „So gegen sieben, da ist man Seiner Heiligkeit in den Vatikanischen Gärten begegnet. Wir bogen im
Wagen um die Apsis des Petersdomes, und da ging der Papst
spazieren und winkte den Mitarbeitern! Es kamen ja laufend
Autos herein. Das wurde dann bald aus Sicherheitsgründen
abgestellt."
Um Karol Wojtyła besser verstehen zu können, lernte die

gewissenhafte Übersetzerin umgehend Polnisch. „Johannes Paul hat sich dauernd an sein Volk gewandt. Und er hat seinen Landsleuten mit politisch interpretierbaren Mariengebeten Mut gemacht, die er in seine Audienzen einstreute. Da musste man einfach die Muttersprache des Papstes können!" Also ging Frau Spath zu einem dreimonatigen Intensivkurs bei einem polnischen Kurien-Monsignore in die Schule. „Ich spreche bis heute kein Polnisch. Aber ich kann es lesen und mit Wörterbuch übersetzen."

„Gläserne Decken" oder welche aus Granit hat Sigrid Spath im Kirchenstaat für sie persönlich keine geortet. „Weder dass ich eine Frau bin, noch meine Körperbehinderung habe ich im Vatikan in irgendeiner Weise als Manko erleben müssen." In der österreichischen Heimat war das anders. Ihre chronische Krankheit hatte sie in den 60er Jahren vom Lehrberuf ausgeschlossen. Im Vatikan sei sie jederzeit „mit Noblesse" behandelt worden. Vielleicht hat die Tatsache, dass sie nie mehr sein wollte als eine erstklassige Übersetzerin, diese Noblesse befördert.

Der Vatikan, Zentrum der vielsprachigen Weltkirche, hantiert ganz selbstverständlich mit vier bis sechs Sprachen, in denen er seine Dokumente veröffentlicht. Die Namen der Übersetzer stehen nicht dabei. „Ja, es bedurfte mitunter einer gewissen Bescheidenheit, damit fertig zu werden", gibt Sigrid Spath unumwunden zu. 1987 erhielt sie für ihre kostbare Vermittlungsarbeit das Goldene Verdienstzeichen der Republik Österreich, und erst da erfuhr die nicht-vatikanische Fachwelt von ihrer Existenz. Dem Orden folgten große Aufträge für Buchübersetzungen. Eines

»Frau Spath, es gibt niemanden, der gut genug deutsch kann. Aber Ihr lutherisches Herz müssen Sie heute ein wenig beruhigen.«

ihrer Lieblingskinder ist dennoch das „Jahrbuch der Jesuiten" geblieben. Seit mehreren Dekaden bringt Sigrid Spath sämtliche Artikel aus vier Sprachen ins Deutsche und überwacht nebenbei die Satzarbeiten.

Ob Sigrid Spath als praktizierende evangelische Christin jemals Probleme mit gewissen Texten der katholischen Kirche hatte? In all den Jahren ist ihr ein Satz untergekommen, ein einziger, der „nicht so hätte sein müssen". Er fand sich in einem Dokument zur Rechtfertigungslehre, eine Entgegnung des obersten katholischen Glaubenshüters Kardinal Ratzinger auf Proteste evangelischer Theologen. Bevor der zuständige Erzbischof des Einheitsrates das Dokument per Eilboten zu den Jesuiten schickte, entschuldigte er sich bei der Übersetzerin.

»Sie können viel mehr für beide Kirchen tun, wenn Sie protestantisch bleiben.«

„Frau Spath, es gibt niemanden, der gut genug deutsch kann und sich in der Sache auskennt. Aber Ihr lutherisches Herz müssen Sie heute ein wenig beruhigen", bat der Kurienmann am Telefon. Für das Ergebnis hat er sich sehr bedankt. Denkwürdig auch die Episode mit der Eucharistie-Enzyklika Johannes Pauls: Der Heilige Stuhl musste wegen gravierender Übersetzungsmängel die deutsche Fassung zurückziehen. Sie stammte nicht von Sigrid Spath. Die deutsche Sektion des Staatssekretariats hatte die Arbeit angesichts des ökumenisch heiklen Inhalts einer anderen Kraft anvertraut. „Ich habe mehrere besorgte Anrufe erhalten, ob ich denn krank gewesen sei: Eine solche Arbeit könne nicht über meinen Schreibtisch gegangen sein!", erzählt Spath nicht ohne Genugtuung.

Dabei sieht die Lutheranerin am Vatikan in nichts anderem als der ökumenischen Brückenfunktion den tieferen Sinn ihrer Arbeit. Die Pfarrer der evangelischen Christuskirche in Rom erhalten seit Jahr und Tag von ihrem Gemeindemitglied Sigrid Spath deutsche Ausgaben der Papst-Enzykliken. Und an evangelische junge Leute, die für ein Jahr zum Studium an den Päpstlichen Universitäten nach Rom kommen, hat sie gerade zum 30. Mal Kardinal Joseph Ratzingers Klassiker „Einführung ins Christentum" verschenkt. „Eines meiner Lieblingsbücher!", fügt sie hinzu.

Im Grunde kennt Sigrid Spath die katholische Kirche besser als ihre eigene. In einem Moment der Krise, so bekennt sie, habe sie einmal einen Übertritt in Betracht gezogen. „Aber alles akzeptiert man dann doch nicht. Und dann gibt es so etwas wie den Mutterboden." Sie meint das wörtlich: Ihre Mutter, in deren – baltischer – Familie ganze Generationen von Pastoren heranwuchsen, habe sie streng lutherisch erzogen. Im Zweifel suchte Sigrid Spath damals einen Kardinal auf und fragte nach gutem Rat. „Um Gottes Willen, bitte nicht", habe der ihr gesagt. „Sie können viel mehr für beide Kirchen tun, wenn Sie protestantisch bleiben."

Frau Feldwebel

Genau zwei Tage war die Archäologin Letizia
Ermini Pani in Pension, da bat die römische
Universität La Sapienza sie, einen neuen Lehr-
auftrag anzunehmen. Der Knochenjob Archäologie lässt sie nicht los. Dabei weiß die Wissenschaftlerin, Mutter dreier Söhne und
mehrfache Großmutter sehr gut, was Doppel-
belastung bedeutet. Nebenbei arbeitet Letizia
Ermini Pani am Vatikan. Seit 2003 leitet sie
als Präsidentin die päpstliche römische Akademie für Archäologie.

Letizia Ermini Pani
Archäologin

»Familie geht vor.«

Feldwebel" nennen die Studenten sie, wenn sie unter sich sind, oder „Carabiniere". Es spricht für Letizia Ermini Pani (75), dass sie darüber herzlich lachen kann. „Eine Ausgrabung ist ein Unterfangen, das einen bestimmten Rahmen erfordert", stellt die akkurat frisierte Professorin klar. „Eiserne Arbeitszeiten, eiserne Disziplin." Dann aber gerate die Archäologie zur Lebensschule. Jede Grabung, die Letizia Ermini Pani leitete, war eine Lehrwerkstatt mit zwanzig, dreißig Studierenden, die beschäftigt und koordiniert werden mussten und dabei das Handwerk lernen sollten. Tagelanges Graben bei Sonne, Wind und Wetter, viel Staub und mitunter wenig Funde schweißten den archäologischen Nachwuchs genauso zusammen wie die gesellig ausartenden Feierabende. Die meisten Schüler denken gerne an die Freilicht-Seminare unter der Leitung von Frau Feldwebel zurück. Und das beruht auf Gegenseitigkeit.

Bei aller Dominanz hat Letizia Ermini Pani das, was Personalchefs heute „soziale Kompetenz" nennen. Etwas, das auch Konkurrenten zu überzeugen vermag. Aus ihrer Mitte wählten die Kollegen an der päpstlichen römischen Akademie für Archäologie sie vor drei Jahren zur Nachfolgerin des scheidenden Präsidenten. Papst Johannes Paul II. zögerte nicht, diese Wahl zu bestätigen. Im Mai 2003 trat zum ersten Mal in der Geschichte des Vatikans eine Frau an die Spitze einer päpstlichen Akademie. „Dammbruch!", riefen Italiens grelle Fernsehsender, und auf weibliches Publikum ausgerichtete Hochglanzmagazine brachten Porträts der patenten Professorin.

Letizia Ermini Pani selbst liest keine Hochglanzmagazine. Sie trifft sich auch nicht mit Freundinnen zum Kaffee, das Wort „Einkaufsbummel" kennt sie nur vom Hörensagen, „und Kino verliert seinen Reiz, wenn die erste Vorlesung tags darauf um acht beginnt". Das sind Opfer, die sie schon als junge Frau brachte, um weder Karriere noch – vor allem – Kinder zu vernachlässigen. Denn eines steht für die Römerin außer Diskussion: „Familie geht vor".

Die generalstabsmäßige Planung, die ihre Ausgrabungen so effizient geraten lassen, zieht sich durch den Lebenslauf der Archäologin. Im letzten Studienjahr heiratete sie einen angehenden Rechtsanwalt, dann kamen drei Söhne. Der Ehemann unterstützte die schöngeistigen Studien seiner Frau und bestückte die Hausbibliothek mit Standardwerken zur Archäologie, sodass Letizia für ihren Abschluss zu Hause bei den Kindern bleiben und nebenbei lernen konnte. „Das war ein Privileg", gibt die Wissenschaftlerin zu.

Ihre ersten Sporen verdiente sich die aufstrebende Archäologin mit Studien über römische Katakomben. Dann spezialisierte sie sich auf frühchristliche Inschriften und Skulpturen. Besonders oft ordnete sie ihre Studierenden zu Ausgrabungen nach Sardinien ab. Dort, in der im Mittelalter aufgegebenen Stadt Cornus, stieß sie eines Tages auf ihren wichtigsten Fund. „Eine bronzene Statuette des Heiligen Paulus aus dem späten 4. Jahrhundert, die wir im Gräberfeld der Stadt entdeckten. Die Gesichtszüge waren

»Eine Ausgrabung ist ein Unterfangen, das einen bestimmten Rahmen erfordert. Eiserne Arbeitszeiten, eiserne Disziplin.«

wunderbar fein ausgeführt und genau so, wie die alten Quellen den Apostel beschreiben! Die Statuette kam ans Tageslicht, und ich habe sofort gewusst: Das kann nur der Heilige Paulus sein." Religion nahm im Alltagsleben der Professorin, wie sie sagt, immer einen wichtigen Platz ein. Jeden Abend spricht sie gemeinsam mit dem Ehemann ein Gebet. Die Söhne gingen bei den Jesuiten zur Schule. Am Sonntag ist der Gottesdienst in der nahe gelegenen Kirche Santa Cecilia in Trastevere

schöne Gewohnheit, „dort gibt es eine wunderbare Messe auf Latein", das der Archäologin bestens vertraut ist.

Die Verbindungen zum Heiligen Stuhl hat Letizia Ermini Pani quasi geerbt. „Meine Großväter waren im Vatikan beschäftigt, ein Onkel ist Bischof, zwei andere Monsignori." Wenn sie sich heute in einer Sitzung des päpstlichen Kulturrates mit 50 Personen wiederfindet, und außer ihr gibt es nur einen einzigen anderen – männlichen – Laien, der Rest Priester, Bischöfe, Kardinäle, „dann schreckt mich das nicht".

Energisches Läuten der Handglocke, Vorstellen der Tagesordnung, Feuer frei: Mit professoraler Routine eröffnet die Archäologin die letzte Versammlung der Akademie vor der Sommerpause. Tagungsort ist der freskenübersäte Festsaal des Palazzo della Cancelleria im Herzen Roms auf extraterritorialem vatikanischem Boden. Neueste archäologische Befunde werden da vorgestellt, die später als Artikel in der Fachzeitschrift der Akademie erscheinen. Viel Papier, wenig Frischluft. Das Gegenprogramm zur Grabung.

Päpstliche Akademien stehen ihrem Rang nach unter den Kongregationen und Räten. Zehn Akademien gibt es, darunter jene für Wissenschaft, der Dutzende Nobelpreisträger, überwiegend aus Disziplinen der Naturwissenschaft, angehören. Demgegenüber ist die Akademie für Archäologie eine der kleineren ihrer Art. Und doch: Als zum ersten Mal seit Bestehen des Papsttums eine Frau das Ruder in einer Akademie übernahm, war es das Überschreiten einer unsichtbaren Grenze. Allerdings ortet Letizia Ermini Pani, anders als die Zeitgeistgazetten, darin nicht gleich einen Kurswechsel im Vatikan. „Ich möchte das nicht so sehen. Oft bin ich gefragt worden, ob ich in meiner Karriere Diskriminierungen ausgesetzt war. Ich war es nicht."

Frauenquoten in Wissenschaft und Politik hält Ermini Pani

für demütigend. „Dass so etwas im Jahr 2000 und später offenbar nötig ist, stimmt mich traurig." Wenn sie selbst es in der Hand hat, eine Stelle zu besetzen, spielt das Geschlecht keine Rolle. „Auf die Qualifikation kommt es an. Ich habe weibliche und männlich Mitarbeiter, ebenso wie ich weibliche und männliche Bewerber für Lehrstühle empfohlen habe."

An sich mangelt es in der Archäologie nicht an Frauen. Das Arbeiten mit den Händen, das ganz materielle Gespür für die Beschaffenheit von Kies- und Lehmschichten seien Qualitäten, die weibliche Studierende auszeichnen, hat Letizia Ermini Pani immer wieder beobachtet. „Aber wir sehen alle, dass uns in höheren Ebenen mitunter die Anerkennung versagt bleibt. Da braucht es Geduld und Durchhaltevermögen! Damit wiederum sind Frauen oft gesegnet."

»Die Statuette kam ans Tageslicht, und ich habe sofort gewusst: Das kann nur der Heilige Paulus sein.«

Eigentlich sollte die Professorin seit Herbst 2005 in Pension sein. Dass zwei Tage nach dem Auslaufen ihrer Lehrverpflichtung die Universität anfragte, ob sie nicht ein Jahr verlängern möchte, schmeichelte ihr. Im Grund könne sie gar nicht anders als weitermachen, gesteht sie mit strahlendem Lächeln. Was sollte eine Frau wie sie auch mit Tagen anfangen, in denen sich plötzlich Pausen bilden? Was tut ein Feldwebel ohne seine Kameraden? „Sehen Sie, ich stamme aus einer Familie mit elf Kindern", sagt sie. „Und ich war die älteste! Wenn ich Ihnen von Teamgeist erzähle und von Geselligkeit, dann kann ich getrost sagen: Ich weiß, wovon ich spreche."

Grande silenzio

Im Kloster „Mater Ecclesiae" in den vatikanischen Gärten beten und arbeiten sieben Nonnen. Die Klausur verlassen sie nie, und außerhalb der Gebetszeiten schweigen sie. Einen
Tag lang, von der Matutin bis zur Komplet,
durften wir eintauchen in diese fremdeste aller Lebenswelten des Vatikans.

Das Kloster Mater Ecclesiae

»Im Lauf der Jahre wird beten eine
Zeit der Seele.«

Parlatorium, Sprechzimmer, heißt der Raum diesseits des hölzernen Gitters, und er ist eng. Vier Quadratmeter, ein Kreuz, ein Tisch, drei Stühle, ein schmales abgedunkeltes Fenster. An diesem Ort kann man im Grund nicht sein. Man muss umkehren oder eintreten, wie auf der Schwelle einer geöffneten Tür. Hier scheidet sich die Welt in innen und außen, hier endet oder beginnt sie. Je nach Standpunkt.

„Herzlich willkommen!", strahlt mich die Äbtissin an, „haben die Schweizergardisten Sie durchgelassen?" Es ist fünf Uhr morgens, finstere Nacht in den Gärten. Auf zwei Zetteln hat Mutter Maria Sofia Cicchetti für mich aufgeschrieben, wie man im lateinischen Stundenbuch die Gebete der Fastenzeit für Dienstag findet, hat bunte Bändchen an die richtigen Stellen gelegt, und flüsternd erklärt sie mir, was es mit roter und schwarzer Schrift auf sich hat. Dann verlasse ich das Parlatorium und betrete die Kirche, die Mutter Äbtissin eilt – mit demselben Ziel - durch die Klausur.

Im Chorgestühl gegenüber des Altares stehen sieben Nonnen. Ein großes Gitter, hier ist es aus Eisen, trennt sie vom Rest des Kirchenraumes. Es sind meist jüngere Frauen. Sie tragen das charakteristische schwarze Ordenskleid der Benediktiner mit dem weißen Kragen und einen Schleier, der auch Hals und Ohren bedeckt. Kaum vernehmbar klopft die Mutter an die Holzvertäfelung, und das Gebet der Nonnen setzt ein: „Domine labia", Herr, öffne meine Lippen. Ein gregorianischer Gesang, einstimmig und auf einem Ton, ein Hauchen mehr als ein Singen.

Für die Dauer der Fastenzeit ist die Orgel verstummt, von ihr erklingt nur ab und zu ein verhaltener Ton, der den Gesang auf gleicher Höhe hält. „Domine dirigatur oratio... Herr, mein Bitten möge aufsteigen wie Weihrauch vor Dein Angesicht." Im Gleichtakt wenden die Frauen eine Seite im Stundenbuch. Atemholen. „Und wie das Abendopfer sei vor Dir das Erheben meiner Hände." Es ist kalt in der Kirche, obwohl die Mutter für den Gast die Heizung eingeschaltet hat. Atemholen. „An jedem Tag unseres Lebens mach uns heil, o Herr." Die Matutin dauert eine halbe Stunde. Um zehn vor sieben wird die Laudes folgen, wenig später die Heilige Messe, um die Mittagsstunde die Sext und die Non, um halb sechs die Vesper und um viertel nach acht die Komplet. Ein Tag, skandiert vom Rhythmus des Stundengebetes.

Die Klausur in den vatikanischen Gärten ist jung. Johannes Paul II. hat sie 1994 gegründet. In der Zentrale der Weltkirche herrschen verschiedenste Betriebsamkeiten: die Kurienbehörden, der vielbesuchte Petersdom, die Museen, die Post. Auch Supermarkt, Apotheke, Feuerwehr, Tankstelle und sogar ein Kino gibt es im Vatikan.

Hier scheidet sich die Welt in innen und außen, hier endet oder beginnt sie.

Doch eine Klausur fehlte. Johannes Paul war der erste Papst, der die lebendige Anwesenheit des Gebets, der Sammlung und der Stille in seinem Umfeld ausdrücklich wünschte. Und so schuf er „Mater Ecclesiae".

Auf Anordnung des Kirchenoberhauptes stammen die Ordensfrauen nicht aus einem einzigen, sondern aus sieben verschiedenen Klöstern. Ein Abbild der Weltkirche, eine symbolische Gemeinschaft der Heiligen sollte hier entstehen. Zur Zeit leisten hier eine US-Amerikanerin, eine Philippinin, zwei Französinnen und drei Italienerinnen den Dienst der Stille. Alle fünf Jahre wechselt der Orden. Nach Klarissen und Karmeliten sind im Oktober 2004 kontemplative Benediktinerinnen in die Vatikanischen Gärten gezogen. Ihre Aufgabe umschreibt die Regel des Ordensgründers, des Heiligen Benedikt, in drei Worten: Ora et labora. Bete und arbeite.

Ihr Gebet widmen die Schwestern den Anliegen der Kirche, besonders dem Papst und seinem Amt. Dies ist ihr Auftrag. Doch alle Menschen, die sich direkt an sie wenden, schließen die Benediktinerinnen in ihr Gebet ein. Und das sind nicht wenige, sagt Mutter Maria Sofia. „Da gibt es so viel Not. Nicht nur materielle – das Haus, die Arbeit – sondern vor allem spirituelle und moralische Not. Wegen eines Sohnes, der Drogen nimmt. Wegen einer Ehe, die schief geht. Wir erfahren von Ängsten und Zweifeln junger Frauen und Männer, oder von Missionaren, die uns aus dem Leben ihrer jungen Kirchen erzählen. Für sie alle beten wir. Und ich versichere Ihnen: Obwohl wir hier in Klausur leben, werden damit unsere Herzen weit."

„Mater Ecclesiae" ist eine Klausur päpstlicher Observanz. Die strengste Form der Klausur, die es gibt. Der geradlinige Neubau schmiegt sich auf halber Höhe des Vatikanhügels in eine Kuhle. Hecken mildern den Anblick der Eisenzäune, die das Kloster mit seinem kleinen Glockenturm umschließen.

Die Klausur ist der für Außenstehende unzugängliche Bereich der Gemeinschaft. Sie liegt hinter Gittern im Inneren des Klosters, und niemals, außer zu Arztbesuchen, treten die sieben Schwestern durch die Türen zur Außenwelt. Der Panoramablick von ihrer eigenen Dachterrasse ist ihnen so unbekannt wie der Duft und die Herrlichkeit der vatikanischen Gärten, die Papst Benedikt jeden Nachmittag auf dem Weg zum Gebet an der Lourdes-Grotte durchquert. Wenn ein Bote Post bringt, legt er sie im Vorraum des Parlatoriums in die Durchreiche. Das ist eine Holztonne mit einem Loch an der Vorderseite, die, aufrecht in die Mauer eingelassen, um die eigene Achse gedreht wird. Die Person auf der anderen Seite bleibt unsichtbar. Ihre Lebenswelt unbegreiflich.

Nur ein einziges Mal haben die sieben Schwestern gemein-

105

sam die Klausur verlassen. Das war, als Johannes Paul II. starb. Kardinalstaatssekretär Angelo Sodano kam persönlich im Kloster vorbei und gestattete den Frauen, am aufgebahrten Leichnam des Papstes den Rosenkranz zu beten. Und noch eine weitere Ausnahme erlaubte der Kardinal bei der Gelegenheit: Die Benediktinerinnen durften die Beerdigung Johannes Pauls im Fernsehen mitverfolgen. Vatikan-Bedienstete brachten das Gerät und nahmen es danach wieder mit.

»Herr, mein Bitten möge aufsteigen wie Weihrauch vor Dein Angesicht.«

Es ist Mutter Maria Sofia fast peinlich, als sie mich bittet, den gepflasterten Weg zur Kirche zu fegen, der ihr selbst nicht zugänglich ist. Lächelnd reicht sie mir Besen, Schaufel und eine Plastikschürze ins Parlatorium, und ich mache mich ans Werk, in der Zeit, in der auch die Schwestern ihren manuellen Tätigkeiten nachgehen. Ora et labora, bete und arbeite.

In der Küche wendet sich jetzt eine der Schwestern der Zubereitung des Mittagessens zu: Es gibt Gemüsesuppe, gedünsteten Fisch und Erbsen. Eine andere besorgt die Hausarbeit, die Mutter Äbtissin übersetzt am Computer Texte aus dem Lateinischen und Niederländischen. Während ich fege, entstehen außerdem bestickte Mitren und Kaseln für Bischöfe und aufwändig gemalte Pergamente in gotischer Schrift.

Eine der Schwestern schließlich arbeitet im Freien: im Bio-Garten des Papstes. Kartoffeln gibt es da, zwei Sorten Kohl, Frühlingszwiebeln, Feldsalat, Lauch, Bohnen und Erbsen, Artischocken und Fenchel. Außerdem hegen die Schwestern vier Orangen- und fünf Zitronenbäumchen. „Aus den Zitronen machen wir Limoncello-Likör zum Verschenken", verrät die Äbtissin. „Aus den Orangen mitsamt den Schalen wird Marmelade, und die schicken wir dem Papst, der sie sehr schätzt!"

Der Flecken Erde gehört zur Klausur. In anderen Worten, er bietet den Nonnen die einzige Gelegenheit zum Aufenthalt unter freiem Himmel. „Der Gemüsegarten ist uns eine große Freude", bestätigt Mutter Maria Sofia. „Es ist schön, die Natur zu sehen. Die Samen, die aufgehen, die Sonne, den Regen. Das gibt so viel Gelassenheit." Manche der Schwestern beten spontan im Garten.

Zu besonderen Anlässen greifen alle sieben Nonnen gleichzeitig zu Rechen und Harke: dann, wenn der Dünger kommt. Der Mist der Kühe vom päpstlichen Bauernhof in Castelgandolfo wird im Lastwagen angeliefert, ein Kran hebt ihn über die Mauer der Klausur. Dort warten die Nonnen und nehmen die Fracht in Empfang. Das vatikanische Erdreich an sich ist von passabler Qualität, doch erst der Mist lässt das Gemüse richtig schön gedeihen. „Wir ziehen da auch manches Gleichnis, wenn wir mit den Gummistiefeln an den Füßen den Dünger verteilen...! Der Mist, der eine so niedrige, demütige Sache ist, lässt gute Dinge wachsen. So wie aus Demut Liebe wächst."

Zeit für die Sext, das Mittagsgebet. „Campanara", Glöcknerin, heißt die Schwester, zu deren Aufgabe das Läuten je zehn Minuten vor dem Gebet zählt. Eine Uhr gibt es im Kloster auch, lacht die Äbtissin auf meine Frage. „Aber ich kann Ihnen sagen, dass mittlerweile in unser Leben ein anderes Zeitmessgerät eingetreten ist!" Nach Jahren der Kontemplation empfin-

„Ich versichere Ihnen: Obwohl wir hier in Klausur leben, werden unsere Herzen weit."

de man den immer gleichen Rhythmus des Gebets nicht als Gewohnheit, sondern als Bedürfnis. „Da ist die Laudes, das Morgenlob. Die Non, die Zeit, zu der Jesus starb, und zu der wir für seinen rettenden Tod danken. In der Komplet beschließen wir den Tag und legen alle Vorkommnisse in die Hände des Herrn. Diese Stunden sind im Tiefsten in unser Leben eingetreten." Frieden und Heiterkeit verschaffe dieser Rhythmus. „Es ist nichts Mechanisches! Im Gegenteil. Beten wird eine Zeit der Seele."

Frieden und Heiterkeit. Vielleicht sind es diese beiden Eigenschaften, die den Gast überraschen. In der Kirche nickt mir eine der Schwestern fröhlich hinter dem Eisengitter zu, als sie mir den Silberteller zur Kommunion reicht. Manchmal im Sommer, wenn der Papst durch die Gärten chauffiert wird, stehen die Nonnen schwarz beschleiert am Fenster, lachen und winken ihm mit weißen Taschentüchern zu. Benedikt grüßt freundlich zurück.

Nach der Vesper sieht die Hausregel eine halbe Stunde Rekreation vor: die einzige Zeit des Tages, in der das Schweigegebot aufgehoben ist. Gesungen wird da und manchmal sogar ein Witz erzählt, so Maria Sofia: „Alles, was Geschwisterlichkeit schafft, was Freude macht – was die Seelen erhebt, wie die Benedikt-Regel sagt."

»Früh am Morgen sind wir schon an Ort und Stelle, um zu beten für alle, die nicht beten können oder wollen.«

Um die Hände zu beschäftigen, nehmen sich die Frauen während der Rekreation kleine Handarbeiten vor, eine Stickerei, ein paar Rosenkränze, die geflickt, oder Servietten, die gefaltet werden. Gesten der Sparsamkeit.

Die Nonnen sind radikal arm. Sie besitzen nichts, und was ihnen geschenkt wird, schenken sie weiter. Sie bringen ein Opfer, das grundsätzlicher nicht sein könnte: Sie scheiden aus der Welt. Auf alles zu verzichten – kein Cappuccino auf der Piazza, keinen guten Film, niemals das Meer sehen, niemals Kinderlachen – ist ihre Lebensform, ihr Daseinsgrund.

Doch mehr als ein Verzicht ist es eine Wahl, erklärt die Mutter. So wie in der weltlichen, guten und schönen Liebe. „Wenn ich einen Mann wähle oder eine Frau, verzichte ich auf alle anderen! Ich wähle aus Liebe. Denken Sie: Wir gehen nicht einmal zur Heiligen Messe in den Petersdom. Das ist ein Opfer! Ich sage es Ihnen ehrlich. Aber wir erbringen es froh und aus ganzem Herzen."

Über sich selber spricht Maria Sofia nicht gern. Nur soviel: Bevor die Florentinerin vor 20 Jahren ihr Gelübde bei den kontemplativen Benediktinerinnen ablegte, war sie Missionarin. Sie wirkte in Afghanistan, Indien und den Niederlanden, lehrte Philosophie an Priesterseminaren. Eine blitzgescheite junge Frau; gut möglich, dass sie es als Mann zum Kardinal gebracht hätte. Um einen Gedanken zu benennen, dem Maria Sofia mit heiter-sanftem Nachdruck widersprechen würde. „Es kommt nicht auf unsere Rolle an, nicht auf das, was wir tun. Sondern auf das, was wir lieben", sagt sie später. „Eine heilige Katharina von Siena, eine heilige Edith Stein, eine heilige Birgitta von Schweden – was haben sie für die Kirche getan! So viel mehr als manche Kardinäle, wenn Sie verzeihen. Mehr sogar als mancher Papst!"

Eines Tages begann Maria Sofias wahre Liebesgeschichte mit Gott. Die Missionarin fühlte, dass sie mit Leib und Seele dafür da sein wollte, und dass sie für die Welt verstummen musste. Als sie ihre Berufung zum kontemplativen Leben kundtat, waren selbst Bischöfe entsetzt: das Denken in Kategorien der Nützlichkeit. Unter den wenigen, die ihren Wunsch verstanden, war Maria Sofias Mutter. „Sie war eine einfache Frau, aber von Herzen gut. Sie hat gefragt, was eben

>>Unsere Anwesenheit ist eine versteckte. Aber sie will helfen und unterstützen. Den Papst, die Kirche, die ganze Welt.«

eine Mutter fragt: Bist du sicher? Wenn du sicher bist, dann geh." Bis zuletzt habe die Mutter Scheu gehabt, sie beim Ordensnamen zu rufen. Für sie blieb ihre Tochter „Pina", die wenigen Male, die sie einander noch sahen. Die Mutter starb vor zwei Jahren. Maria Sofia verließ das Kloster nicht, um zur Beerdigung zu gehen. „Ich habe sehr geweint", erinnert sie sich. „Es ist nicht so, dass einem das Herz kalt und unempfindlich wird in der Klausur."

Wofür das alles? Wofür eure Opfer? Was und wem nützt euer Gebet? Die Fragen aus der Außenwelt blitzen durchs Gitter des Parlatoriums. Maria Sofia freut sich wie über einen vorlauten Sonnenstrahl. „Sehen Sie, im Vatikan sind wir die demütigste, ärmste, auch versteckteste aller Gemeinschaften", sagt sie aufgeräumt. „Wir haben nicht die Macht, zu verwalten, zu schaffen.

»Es kommt nicht auf unsere Rolle an, nicht auf das, was wir tun. Sondern auf das, was wir lieben.«

Das ist nicht unsere Aufgabe. Unsere Aufgabe ist es, wie Moses auf dem Berg zu sein: Moses stand mit ausgebreiteten Armen da und betete zum Herrn für die Brüder, die im Tal kämpften. Die Heilige Schrift erzählt uns, dass die Brüder Erfolge in ihrer Schlacht hatten, als er die Arme zum Himmel hob. Und als Moses, müde geworden, die Arme sinken ließ, da verloren sie. Unsere Anwesenheit ist eine betende, eine versteckte, gleichsam unsichtbare. Aber sie will helfen und unterstützen. Den Papst, die Kirche, die ganze Welt."

Vesper. Durch die Glasfenster der Kirche sickert der Abend. Nach dem letzten Gebet, der Komplet, sieht die Klosterregel "grande silenzio" vor. Die Nacht ist die Zeit der großen Stille. Worte, Gesänge, Geräusche, so sparsam sie waren, verstummen nun ganz. An die Seite der Unsichtbarkeit tritt die

Unhörbarkeit. Sieben Nonnen ziehen sich in ihre Zellen zurück. In der Stille bleibt jede von ihnen in der größten Intimität mit Gott. Gleichsam in der natürlichen Verlängerung des Gebetes.

Knapp sieben Stunden Schlaf ist den Schwestern gegönnt. Um 4 Uhr 45 weckt sie die Glocke. Im Vorhof des Klosters brennen gedämpfte Lampen. Hinter dem Eisengitter der Kirche füllt sich der Chor. Eine nach der anderen beugt das Knie vor dem Allerheiligsten und tritt an ihren Platz; die Mutter klopft auf die Holzvertäfelung, die Matutin hebt an. In dieser Stunde konzentrieren sich für Maria Sofia alle Anliegen ihrer Klausurgemeinschaft.

„Früh am Morgen ist es schön, wenn es dunkel und ganz still ist und die meisten Menschen noch schlafen – und wir sind schon an Ort und Stelle, um zu beten für alle, die nicht beten können oder nicht beten wollen. Diese Gemeinschaft zu haben mit allen Brüdern und Schwestern: mit den Gläubigen und den Ungläubigen, mit denen, die verzweifelt sind, die im Sterben lieben, die sündigen. Mit allen."

Kardinal und Aschenbrödel

Ehefrauen und Mütter im Vatikan – die gibt es. Ein gutes Dutzend Familien leben hinter den Mauern des Papststaates. Es sind die Angehörigen der verheirateten Schweizergardisten. Die Frau des Kommandanten, Theresia Mäder-Blöchliger, hat allerhand eigenwillige Ansichten über gute Nachbarschaft mit dem Papst, über den Nutzen des großen Einmaleins, besondere Gebetstechniken und das traditionelle Frauenbild der Kirche, das die im Schatten des Petersdoms residierende Schweizerin eins zu eins verkörpert.

Theresia Mäder
Ehefrau und Mutter

»Gott rechnet mir das Wäscheaufhängen als Gebet an. Sonst bräuchte ich
einen Wäschetrockner!«

Meine Güte, sind wir wieder in Erwartung? Ich kanns nicht glauben!", scherzt Theresia Mäder gutgelaunt und streicht sich über den stattlichen Bauch. Ein kleiner Vatikanbürger erblickt in wenigen Wochen das Licht der Welt. Der Ultraschall meldet einen Jungen, aber die Mutter vertraut dem Gerät nicht. Beim Mittagstisch diskutieren die fünf Mäders in Frage kommende Namen für beide Geschlechter. „Je größer die Familie, desto mehr reden drein!" In anderen Worten, man hat sich noch nicht einigen können.

Vor acht Jahren zogen die Mäders in den Vatikan. Sie bewohnen ein geräumiges Appartement im zweiten Stock des Quartiers der Schweizergarde. Im Treppenhaus parkt ein rosa Dreirad, an der Haustür steckt der Schlüssel außen, denn Argwohn erübrigt sich im kirchlichen Zwergstaat. Das schönste am Quartier ist die Dachterrasse: Zitronenbäumchen, Lavendel, Salbei und Rosmarin haben die Vatikan-Gärtner hier gepflanzt, die Hausgemeinschaft kümmert sich ums Gießen, Unkrautzupfen und Bodenwischen. „Traumhaft ist es hier", seufzt Theresia Mäder. Einziges Manko: Die mächtige Fensterfront des Apostolischen Palastes erhebt sich in Sichtweite. Wenn er wollte, könnte der Papst den Mäders beim „Mensch ärgere dich nicht" zusehen. Abends dämpft man die Lautstärke, erzählt die sympathische Schweizerin. „Der jetzige Papst ist schon als Kardinal früh ins Bett gegangen und hat von der anderen Seite drüben um Nachtruhe gebeten."

Mit vier Kindern in Rom zu leben, hätte Theresia Mäder sich niemals vorstellen können. Smog und Lärm, ein täglich kollabierendes Verkehrsnetz, Platznot und unverschämte Mietpreise machen aus der ewigen Stadt ein hartes Pflaster für Familien. Doch der Vatikan gehört nicht zu Rom. Er ist ein eigener Staat, der kleinste der Welt. Hinter hohen, alten Mauern, deren Tore zu bewachen Aufgabe der Schweizergarde ist, erstrecken sich 44 Hektar Paradies. Der Vatikan besteht zur Hälfte aus Park, er weist seinen 400 überdurchschnittlich ruhebedürftigen Einwohnern anständige Appartements zu, und im gesamten Staatsgebiet gilt Höchsttempo 30. Als Ganzes ist der Vatikan grün und still, sicher und sauber wie die Dachterrasse der Schweizer. „Ich habe viele Privilegien, um noch einmal in Erwartung zu sein", bringt es Theresia Mäder auf den Punkt. Andererseits bezeichnet sie das unmittelbare Umfeld als nur bedingt kindergerecht. Zwar gibt es seit wenigen Jahren sogar einen Kinderspielplatz im Vatikan, doch das Quartier „ist und bleibt eine Kaserne", merkt die Mutter kritisch an.

Kennen gelernt hatte sich das spätere Paar bei einer Faschingsfeier in Fribourg. Die Verkleidung des jungen Mannes war zukunftsweisend: Elmar Mäder ging als Kardinal. Um Aschenbrödel Theresia Blöchliger war es geschehen. „Ich habe mich so unsterblich verliebt", erzählt sie und betont „unsterblich" auf jeder Silbe einzeln. „In die Augen, in die Haut, in die Stimme, was weiß ich."

Theresia, dunkelblond, groß gewachsen, ebenmäßiger Teint, war in einer streng katholischen Familie in Unterägeri bei Zug als siebtes von neun Kindern groß geworden. An ihrer Seite wünschte sie sich einen gläubigen Mann. „Aber der hätte die Einstellung haben können, die er haben will. Ich wäre hoff-nungs-los verloren gewesen. Vielleicht sogar dann, wenn er schon eine Freundin gehabt hätte." In dem Fall allerdings hätte sie ihre große Liebe aus eigenen Stücken nie mehr wiedergesehen.

»Je größer die Familie, desto mehr reden drein!«

Es kam anders: Geheiratet wurde an Elmars 27. Geburtstag. Theresia war 26 und hatte die Handelsschule hinter sich, das Handarbeits- und Hauswirtschaftsseminar und eine Ausbildung zur Religionslehrerin. „Für Rom kann ich mir keine bessere Vorbereitung denken", schmunzelt sie. Handarbeit hilft beim Blick auf die farbenfrohen Uniformen der Schweizergarde, und kaufmännisches Denken lässt sie die Arbeit ihres Mannes im Gedanken besser begleiten.

Das praktische Weltverständnis soll auch auf die Kinder übergehen. Deshalb hat die Mutter auf die Küchenfliesen mit blauem Filzstift das kleine und das große Einmaleins gemalt. Stefan, Benedikt und Maria (14, 11 und 8 Jahre alt) müssen es auswendig können, die Eltern fragen diese Zahlen in allen möglichen Alltagssituationen mittels geschickt eingeflochtener Nebensätze ab. „Das Einmaleins hilft enorm beim Argumentieren übers Taschengeld und beim Umrechnen von Schweizer Franken zu Euro", erklärt Theresia Mäder.

Jeden Morgen begleitet die Mutter ihre Kinder zur Schule. Es ist kein langer Weg: Quer über den Petersplatz und nach ein paar Metern rechts liegt die katholische Privatschule Pio IX. Den Austausch mit anderen Müttern, meist Italienerinnen, genießt Theresia Mäder sehr. Beim Gemüsehändler versorgt sie sich dann – „ein tägliches Ritual" – mit frischem Obst, Salat und ein wenig Klatsch, nimmt einen zweiten Kaffee, spricht zu Hause mit dem Ehemann über Rechnungen, Post und den Alltag der Garde. „Wenn er das nicht täte, wäre mir langweilig, da würde ich lieber selbst arbeiten gehen!" Zum Mittagessen versammelt sich die Familie vollzählig um den Tisch. Nach einer kurzen Siesta kommt der Haushalt an die Reihe. Was Theresia Mäder wirklich gerne macht: Sie führt Besucher, meist Landsleute, durch den Vatikan. Ihre nicht alltägliche Art, Dinge zu erklären, sich „nicht auf ein Protokoll festzulegen", wie sie es ausdrückt, machen diese Spaziergänge zu einmaligen Erlebnissen. „Vielleicht wird einmal ein Beruf daraus", schließt sie eine spätere Erwerbstätigkeit nicht aus.

Als Kommandant der Schweizergarde ist Elmar Mäder jede Woche bei Empfängen geladen. Seine Frau begleitet ihn, wenn sie Lust dazu hat, andernfalls bleibt sie zu Hause. „Nirgends stehen meine Rechte geschrieben", bemerkt sie. „Darum habe ich auch keine Pflichten." Manchmal komme es noch hoch, dieses Gefühl, abhängig von ihrem Mann zu sein, ja bloß als die Frau des Kommandanten wahrgenommen zu werden. „Aber seit ich gemerkt habe, dass ich dadurch frei bin, mich als Familienmanagerin meinen

»Man kann zu jedem Zeitpunkt alles dem lieben Gott widmen. Mit der richtigen Einstellung rechnet Gott mir sogar das Wäscheaufhängen als Gebet an.«

Kindern zu widmen, genieße ich die paar Einladungen, die ich annehme, voll und ganz." Auch ihr Mann habe das so gewünscht.

Viel strenger als mit den Repräsentationspflichten nimmt es Theresia Mäder mit dem Glauben. Fast jeden Tag geht sie zur Heiligen Messe. Das kleine Gebet zwischendurch findet mitten in den Verrichtungen des Alltags Platz. Da hält sie es ganz mit ihrer Namenspatronin Theresia von Lisieux. „Man kann zu jedem Zeitpunkt alles dem lieben Gott widmen. Mit der richtigen Einstellung rechnet Gott mir sogar das Wäscheaufhängen als Gebet an. Das muss auch so sein! Sonst bräuchte ich einen Wäschetrockner."

Komplexe Anliegen bedürfen der Fürsprache mehrerer Heiliger, glaubt Theresia Mäder. Für solche Fälle hat sie eine eigene Technik entwickelt. „Das ist ein interessantes Moment in meinem Alltag. Ich stelle mir Bruder Klaus vor, wie er mit Padre Pio ein Bier trinkt, und dabei bringe ich ihnen ein Anliegen vor." Als ihre Mutter in der Schweiz das Haus verkaufte, das der Familie Blöchliger 48 Jahre lang Heimstatt war, half der Tochter in Rom das Doppel Theresia und José-maría Escrivá, der bei ihr für wirtschaftliche Belange zuständig ist. Die beiden schickten ihr, erzählt Theresia Mäder mit entwaffnender Selbstverständlichkeit, einen intensiv farbigen Traum. Sie sah das Elternhaus und sollte eintreten, doch die Terrasse war über und über mit Erdbeeren voll. Die leuchtend roten Früchte hinderten sie daran, ins Innere zu gelangen. Auf diese Art habe sie sich vom Haus ihrer Kindheit verabschieden kön-

»Ich habe, wenn ich die Kirche kritisiere, das Gefühl, ich nehme jemandem die Energie weg, die das Papstgrab oder der Petersdom ausstrahlen.«

nen. Die hilfreiche Vision, davon ist die Katholikin überzeugt, geht auf das Konto der beiden Heiligen. „Im Glaubensbekenntnis heißt es, dass wir an die Gemeinschaft der Heiligen glauben", erinnert Theresia Mäder. „Mich hat das von klein auf fasziniert."

Kinder, Küche, Kirche: Im Grund verkörpert Theresia Mäder im Vatikan das außerhalb dieser Mauern so viel gescholtene Ideal der katholischen Frau. „Ich habe mich am Anfang wahnsinnig gegen dieses typische Muttersein gewehrt", sagt die 41-Jährige. „Sogar eine Haushaltshilfe habe ich mir genommen. Ich wollte einfach weniger Stress." Heute, nach einer Pause von acht Jahren zu ihrer Tochter Maria, sieht sie ihre Rolle gelassener. „Ich weiß, was mit dem neuen Baby auf uns zukommt. All die Nächte, in denen ich keinen Schlaf bekommen werde. Aber ich freue mich darauf!"

Die vatikanische Nachbarschaft der Priester und Monsignori geben der Frau des Kommandanten auch zu verstehen, dass sie „vorbildlich" sei. Teils erfreut, teil amüsiert nimmt Theresia Mäder diese Huldigungen entgegen. Ganz im Ernst aber begrüßt sie, dass der Vatikan auf die Familienverhältnisse seiner Angestellten ein Auge hat. „Es ist gut zu wissen, dass mein Mann unten im Büro sechs Offiziere als Mitarbeiter hat. Besser als in irgendeinem Betrieb, wo die Sekretärin mit dem Chef, und der Chef geschieden ... ein Riesendurcheinander. Das haben wir hier nicht."

Theresia Mäder macht aus ihrem Herzen keine Mördergrube. Was sie denkt, sagt sie gerade heraus. „Ich stehe hundertprozentig dahinter, dass Priestersein ein Männerberuf ist. Lassen wir doch die Männer richtig Männer sein!", gehört in die Kategorie Aussagen, die, so frisch und frei geäußert, verblüffen. Nicht alle Haltungen des Vatikans teilt die Eidgenossin. Doch an die große Glocke hängt sie ihre Dissonanzen mit der Kirche nicht. Diplomatie? Loyalität? Klugheit? Für Theresia Mäder ist es Einfühlung, und wie sie gerne zugibt, musste sie dieses Verhalten lernen. „Einmal habe ich eine Gruppe durch den Vatikan geführt. Darunter war eine Frau, vor der ich irgend etwas an der Kirche schlecht gemacht habe. Später sind wir zum Grab von Papst Johannes Paul II. gegangen. Und dort habe ich diese Frau weinen sehen." Das sei ihr eine Lehre gewesen.

»Überdurchschnittlich geborgen« fühlt sich Theresia Mäder in ihrem Leben unter den Augen des Papstes.

„Ich habe, wenn ich die Kirche kritisiere, das Gefühl, ich nehme jemandem die Energie weg, die das Papstgrab oder der Petersdom ausstrahlen. Das ist nicht meine Aufgabe. Wenn ich etwas auszusetzen habe, sage ich das meiner Mutter, sonst niemandem."

„Hast du gesehen, wie schön die Zitronen gedeihen?", fragt Frau Mäder eine Nachbarin auf der Terrasse in melodiösem Italienisch. Die junge Römerin hat vor nicht langer Zeit einen Gardisten geheiratet und die Wohnung oberhalb der Mäders bezogen. 15 Familien mit 17 Kindern leben in dem Komplex.

Eine Art Schweizer Dörfchen im Vatikan? „Dazu sind wir zu international", winkt Theresia Mäder ab. Drei Frauen sind Polinnen, neun Italienerinnen. Alle paar Wochen treffen einander die Ehefrauen zu einem auswärtigen Abendessen. Und neulich hat eine, von Beruf Fremdenführerin, die anderen zu einem Rundgang auf dem Forum Romanum eingeladen. Zwischen den antiken Säulen flanierte gemächlich eine Gruppe von 15 Frauen und 17 Kindern jeden Alters. Ein ungewohnter Anblick heutzutage.

„Überdurchschnittlich geborgen" fühlt sich Theresia Mäder in ihrem Leben unter den Augen des Papstes. „Wie eine richtig auf die Schienen gesetzte Zahnradbahn." Sie hofft, dass ihr Mann noch ein paar Jahre als Kommandant der Schweizergarde im Dienst bleiben kann. „Und nachher wird sich auch eine Lösung finden." Die einsehbare vatikanische Dachterrasse wird ihr fehlen. Doch Theresia Mäder ist keine Frau, die sich zur Unzeit Sorgen macht.

Der jüngste Mäder kam glücklich am 11. September 2006 zur Welt. Man einigte sich auf den Namen Damian Elmar.

Die Vordenkerin

Kann man zur Ehre Gottes einen James Bond-Film ansehen? Man kann, ist Barbara Hallensleben überzeugt. Die Universitätsprofessorin blickt stets mit Neugier über den Tellerrand der Theologie. Das hilft auch bei dem, was Barbara Hallensleben ein Herzensanliegen ist: bei der Ökumene mit der Orthodoxie. Ihre fachlichen Qualitäten, aber wohl auch ihre behutsame, nachdenkliche, leise Wesensart haben der 49-jährigen Deutschen im Lauf der Jahre den Weg für mehrere Funktionen im Vatikan geebnet. Seit 2003 sitzt sie als eine von zwei Frauen in der Internationalen Theologischen Kommission, dem wichtigsten theologischen Beratungsgremium des Heiligen Stuhles.

Barbara Hallensleben
Theologin

»Es wird mehr Frauen in zentralen Positionen der katholischen Kirche geben.«

Man muss sich Barbara Hallensleben als glücklichen Menschen vorstellen. Jahr um Jahr führt sie an der Uni im Schweizer Fribourg junge Leute übers Hochgebirge des Theologiestudiums. Kollegen schätzen sie, Schüler behalten sie als so warmherzig wie gerecht in Erinnerung. Sie nimmt das Leben ernst, doch ihre Nachdenklichkeit ist heiter, nicht schwer, ihr Selbstbewusstsein ausgeprägt, aber unaufdringlich. Eine Frau im Gleichgewicht mit sich selbst. Ob Theologin ihr Traumberuf ist? „Unbedingt! Der Zusammenfall von Beruf und Berufung", sagt Barbara Hallensleben, und man spürt, dass das keine Redensart ist.

In Fribourg lehrt die Professorin Dogmatik und Ökumene, also katholische Glaubenslehre und die Beziehungen der christlichen Kirchen. Nach Rom reist sie oft, ihren drei Funktionen am Vatikan sei dank. Zum einen ist Barbara Hallensleben Beraterin am päpstlichen Rat für die Einheit der Christen, dem Ökumene-Büro des Heiligen Stuhles. Kardinal Walter Kasper hat sie in die neu besetzte orthodox-katholische Gesprächskommission berufen. Papst Benedikt kennt seine Landsfrau persönlich, und zwar von ihrer gemeinsamen Arbeit in der „Internationalen Theologischen Kommission" des Vatikans, die der damalige Kardinal Ratzinger leitete.

Anders als die Glaubenskongregation, die im Zweifel bestimmt, welche theologische Ansicht sich noch mit der Lehre der Kirche deckt und welche nicht mehr, ist die Internationale Theologische Kommission etwas wie das Vordenkergremium des Heiligen Stuhles. Überall dort, wo technologische oder gesellschaftliche Errungenschaften neue theologische Fragen aufwerfen, braucht die Kirche ein Instrument, das die Sache unvoreingenommen und ohne Scheuklappen untersucht, bevor eine Lehrmeinung daraus wird. Zu diesem

Zweck richtete Papst Paul VI. 1969 die Internationale Theologische Kommission ein.

Dass Johannes Paul II. im April 2003 erstmals zwei Frauen in dieses Gremium berief, hat auch in kirchenfernen Medien ein Echo gefunden. „Es gab keinerlei Vorzeichen für diese Ernennung", betrachtet Hallensleben die Sache noch aus dem Abstand von drei Jahren mit Staunen. Sofort habe sie an andere Frauen gedacht, denen die Kirche ein ebenso großes Anliegen ist wie ihr selbst, „die aber nicht die Möglichkeit hatten, eine Doktorarbeit zu schreiben und als Theologinnen einen verantwortlichen Auftrag zu bekommen. Dass ich jetzt an dieser Stelle bin, verdanke ich vielen anderen. Und ich sehe darin wiederum eine Wegbereitung für andere Frauen."

In der Tat zeichnet sich in den vergangenen Jahren eine Öffnung höherer Kurienämter für Frauen ab. Gerade auch männliche Würdenträger freuen sich darüber, hat Barbara Hallensleben beobachtet. „Da kamen Aussagen wie: ,Es ist gut, dass Sie da sind. Die Atmosphäre ändert sich.'" Auf welche Weise, möchte die Theologin sich lieber von ihren Kollegen erzählen lassen. „Da gibt es eine Übersetzerin, Schwester Lutgart, die seit 20 Jahren für die Theologische Kommission arbeitet.

Das ist eine starke Frau, die vielleicht mehr als manches Mitglied dazu beige-

»Da kamen Aussagen wie: ›Es ist gut, dass Sie da sind. Die Atmosphäre ändert sich.‹«

tragen hat, dass die Arbeit fruchtbare Ergebnisse brachte. Sie hat mir erzählt, dass sie die Kommission in ihrer neuen Zusammensetzung seit 2003 als angenehm empfindet, weil es hier niemanden gebe, der sich – und jetzt benutzt man interessanterweise ein weibliches Wort – wie eine Diva gebärdet und den anderen seine Theologie aufzuerlegen versucht. Ich wage nicht zu sagen, dass die Anwesenheit der beiden Frauen das bewirkt hat, aber einen kleinen Beitrag könnte sie geleistet haben." Dankbar ist Hallensleben auch dafür, dass gleichzeitig mit ihr die US-amerikanische Ordensfrau Sara Butler berufen wurde. Das entlaste sie von der Verantwortung, „die Frau" der Gruppe zu sein.

Zweimal im Jahr tagt die Kommission im vatikanischen Gästehaus Santa Marta. In einer nüchternen Arbeitsatmosphäre diskutieren sich dort 30 brillante Theologen und Theologinnen aus allen Kontinenten die Köpfe heiß. Im Moment verfolgen sie drei Themen. Zum einen arbeiten sie an der Neuformulierung des moralischen Naturrechtes angesichts der heutigen globalisierten Welt. Zum anderen hat Kardinal Ratzinger seinerzeit die Anregung eingebracht, neu zu bedenken, was Theologie eigentlich sei und welche Verantwortung Theologinnen und Theologen heute tragen. Vorrangig debattieren die Fachleute über das Schicksal der ohne Taufe verstorbenen Kinder. „Ich habe mich dafür eingesetzt, dass wir dieses Thema in einen größeren Zusammenhang stellen, denn sonst wirkt es anachronistisch", erklärt Hallensleben. „Heute sterben nicht nur Kinder, sondern viele Menschen, ohne mit dem Glauben in Kontakt gekommen zu sein oder von ihm viel Gebrauch gemacht zu haben." Die theologischen Bemühungen um den Grenzfall führen zu einer Grundfrage: Wie ist der universale Heilswille Gottes angesichts der Vielfalt der Religionen und Glaubensschicksale angemessen zu deuten? Wie bezeugen wir heute unsere Hoffnung für alle Menschen, für die ganze Schöpfung? Darin sieht die Professorin die eigentliche Herausforderung.

Alles in allem wirken die verhandelten Themen recht abstrakt. Barbara Hallensleben ist hier zu Hause. Ihr Fach, die Dogmatik, gilt als die theoretische Disziplin der Gotteswis-

senschaft; sie war die erste Frau auf einem deutschsprachi-
gen Dogmatik-Lehrstuhl. „Mathematik war mein Lieblings-
fach in der Schule", bekennt die Theologin. „Heute gönne ich
mir ab und zu ein schwieriges Sudoku". Das japanische Zah-
lenrätsel begleitet sie beispielsweise auf langen Bahnfahr-
ten. „Ich brauche das manchmal, den mathematisch klaren
Geist an irgendetwas zu üben. Das scheint mir auch für die
Theologie wichtig."

Die Schulung durch begriffliches Denken prägt selbst Barbara Hallenslebens Art zu sprechen. Ihre Antworten geraten
glasklar und ausführ-
lich, aber niemals aus-
schweifend, sie kom-
men immer zum Punkt.
Dem Gegenüber for-
dern ihre Ausführun-

»Passt um Himmels willen auf,
dass Glaube und Theologie nicht
erst dann anfangen, wenn es um
fromme Dinge geht.«

gen höchste Konzentration ab. Wer nicht mehr folgen kann,
kommt bei der Gelegenheit nicht umhin festzustellen, dass
Barbara Hallensleben eine selten schöne Stimme hat. Sie ist
blass, ungeschminkt, helläugig, das Haar trägt sie kurz
geschnitten, um den Hals ein kleines Kreuz. Es ist, als sollte
nichts Äußeres ablenken von dem, was sie sagt.

Manche Vorschläge der Professorin wirken in ihrer Einfach-
heit fast kühn. Beispiel Ökumene. „In der Zeit des Übergangs
zwischen den Päpsten haben wir am Ökumenischen Institut
geträumt, der neue Papst möge so genannte Communio-Brie-
fe an alle orthodoxen Patriarchen senden. Also die Bitte um
Aufnahme der kirchlichen Gemeinschaft. Das tun neu
gewählte orthodoxe Patriarchen. Bestimmt hätte die Antwort
auf diese Schreiben des Papstes nicht einfach „ja" geheißen.
Aber es wäre ein Prozess in Gang gekommen."

Was in der Ökumene fehlt, sagt Hallensleben, sind nicht

Worte, sondern Schritte. Oder zumindest Zeichen. So hat sie an ihrer Fakultät gemeinsam mit anderen einen Ökumene-Preis ins Leben gerufen, die Silberne Rose. Mit dieser Auszeichnung will sie keine Zwecke verbunden sehen, sondern jenes Etwas, „das so tragend ist für die ökumenische Bewegung: Freundschaft, Annahme, Freude über den anderen". Deshalb ist die Rose wirklich aus Silber, und die Steine auf ihren Blättern sind echte Edelsteine. Der erste Preisträger war im Jahr 2006 Metropolit Kyrill von Smolensk, der „Außenminister" des Moskauer Patriarchats. Vor dem Festakt in Rom kam es zu einer Szene, über die Barbara Hallensleben sich von Herzen freute. Ein Kardinal wollte sie mit dem Metropoliten bekannt machen. Doch Kyrill unterbrach den Vermittler freundlich und sagte: „Wir kennen uns bereits! Wir sind befreundet."

Schlüsselerlebnisse für ihre Begeisterung in Sachen Ökumene könnte Barbara Hallensleben viele nennen. Eines davon war der Gottesdienst 1989 in Basel zur Eröffnung einer Europäischen Ökumenischen Versammlung. „Dort sang ein russisch-orthodoxer Chor mit den bekannten mächtigen Bass-Stimmen. Und diesen Männerchor leitete eine ganz kleine zierliche Frau." Ein Sinnbild auch für die katholische Kirche der Zukunft? Nun, diese Art von Quotendenken im Vatikan ist vielleicht nicht angebracht, stimmt Barbara Hallensleben zu. Und doch ist sie überzeugt: So wie eine zierliche

»Entscheidend ist, dass Frauen ihre Berufung so wahrnehmen, dass das in der ganzen Kirche bis zum Papst hörbar wird.«

Dirigentin einen russischen Männerchor zu leiten imstande ist, so wird es mehr weibliches Personal in zentralen Positionen der katholischen Kirche geben. „Ich beobachte eine organische Entwicklung: Immer mehr Frauen haben begonnen, Theologie zu studieren. Immer mehr haben promoviert. Und immer mehr blieben an der Universität, habilitierten sich. Es ist ein Zeichen der Zeit", sagt Barbara Hallensleben, die sich dazu bekennt, an ihrer Fakultät gezielt Studentinnen zu fördern. Frauen in der Kirche – ein ganz natürlicher Prozess. „Er mag seine Blockaden haben und seine Verunsicherungen hervorrufen. Aber er *ist*!"

Für die Vordenkerin ist die Frage allerdings nicht, ob Frauen in „hohe Positionen" kommen, sondern was die Kirche als „hoch" wertet. Frauen als Kardinäle? Diese Idee hat vor einigen Jahren der namhafte italienische Theologe Severino Dianich aufgebracht. Das Amt des Kardinals, so seine Argumentation, geht anders als das Amt des Priesters nicht auf Jesus zurück, sondern auf die Kirche. Dass Kardinäle heute durchwegs Priester sind, sei also kein Gesetz Gottes, sondern ein Gesetz der Kirche und damit änderbar, sagt Dianich. Im Prinzip könne das Kardinalskollegium auch qualifizierten Laien offen stehen, Männern wie Frauen. Wie die Kirchengeschichte zeigt, wirkten in früheren Jahrhunderten vereinzelt Kardinäle, die Laien waren. Der letzte war ein Deutscher. Theodulf Mertel diente unter Papst Pius IX. als Jurist im Vatikan und starb 1899.

»Dass ich jetzt an dieser Stelle bin, verdanke ich vielen anderen. Und ich sehe darin wiederum eine Wegbereitung für andere Frauen.«

Wie steht Barbara Hallensleben zu der Frage? Ohne Zweifel wäre eine Frau als Kardinal ein Zeichen, eine hervorgehobene Sichtbarkeit des weiblichen Geschlechtes in der Kirche. Doch die Dogmatik-Professorin wünscht sich eine radikalere Umwertung: „Die Bedeutung der Frauen hängt nicht von ihrem Amt ab. Katharina von Siena und Birgitta von Schweden hatten kein ‚kirchliches Amt‘ inne! Entscheidend ist, dass Frauen ihre Berufung so wahrnehmen, dass das in der ganzen Kirche bis zum Papst hörbar wird." Es dürfe nicht dazu kommen, dass eine Familienmutter sich selbst als weniger bedeutend für das Reich Gottes erfährt als die Dogmatikerin in der Internationalen Theologischen Kommission des Vatikans.

Mit Sorge beobachtet Barbara Hallensleben, dass Frauen sich mangels Perspektiven von der Kirche abwenden. „Ich habe auch erlebt, dass Frauen aus der Vernunft in die Frömmigkeit flüchten, weil sie einer Rationalität begegnet sind, sie als destruktiv

»Ich beobachte eine organische Entwicklung: Immer mehr Frauen haben begonnen, Theologie zu studieren. Es ist ein Zeichen der Zeit.«

für den Glauben erleben. Mir tut das immer weh. Denn es bestätigt die falsche Aufspaltung zwischen Vernunft und Glauben."

Und noch eine Beobachtung drängt es sie auszusprechen. Eine, die in früheren Jahren sie selbst betraf. Frauen, die sich vollkommen zum Dienst an der Kirche, aber nicht zum Ordensleben berufen sehen, finden kaum Identifikationsmodelle. Was tun? Beten und vertrauen, rät die Theologin. „In vielen Zeiten der Kirche war es so, dass sich eine Sorge, eine Not, eine Lücke, eine Spannung zeigte. Und das löst sich nicht durch eine bessere Theorie oder kämpferische Akte, sondern durch eine von Gott geschenkte Berufung. Durch etwas, was sich auf einmal klar zeigt: So ist es, und wir tun es."

Für verkehrt aufgezäumt hält Barbara Hallensleben die Frage der Priesterweihe für Frauen. „Wir kennen das gemeinsame Priestertum aller Glaubenden. Doch dafür, dass sich diese Berufung als Selbstverständnis im Denken und Handeln herausbilden kann, haben wir seit dem II. Vatikanischen Konzil zu wenig getan." So beobachtet die Dogmatikerin heute eine Überbetonung der Priestergestalt, gepaart mit einer Verarmung des kirchlichen Lebens, einer Konzentration auf die Sonntagsmesse, die nun einmal den Priester in den Mittelpunkt stellt. Andere Formen des gemeinsamen Gebetes der Gläubigen hätten geringeres Ansehen. „Beeindruckt hat mich da vor kurzem die Entscheidung eines Frauenklosters: Die Oberin hat zur Einweihung einer neuen Kapelle bewusst keine Messe gewählt, sondern eine Vesper, die von den Schwestern selbst gestaltet und geleitet wurde. Die Ordensfrauen wollten ihren Gottesdienstraum mit der eigenen betenden Präsenz einweihen und so die geistliche Verantwortung ihrer Gemeinschaft zum Ausdruck bringen."

»In vielen Zeiten der Kirche war es so, dass sich eine Sorge, eine Not, eine Lücke zeigte. Und das löst sich durch eine von Gott geschenkte Berufung.«

Barbara Hallensleben kam als Tochter eines Lutheraners und einer schlesischen Katholikin in Braunschweig zur Welt. Der Vater führte eine Buchhandlung und übergab die Geschäfte später Barbaras Bruder. Die Umgebung, in der sie aufwuchs, war nach Hallenslebens Aussage keineswegs ein „besonders katholisches Milieu". Wenn sie dennoch ein Theologiestudium aufnahm, dann deshalb, weil der Glaube sie sowohl intellektuell als auch in seiner mystischen Tiefe zu faszinieren begann. Ignatianische Exerzitien gegen Ende des Studiums haben sie den Ruf Gottes hören lassen – deutlich, aber ohne mitgelieferte Wegbeschreibung. „Ich habe lange geglaubt, dieses ‚Du bist gemeint' müsse früher oder später in einer bestimmten geistlichen Gemeinschaft konkret werden", sagt sie nachdenklich. Die Unruhe wuchs, ob sie diese Entscheidung vielleicht verpasst oder mutwillig ausgeschlagen habe. „Inzwischen empfinde ich einen großen inneren Frieden. Das ‚Du bist gemeint' muss sich tatsächlich konkretisieren, und zwar Tag für Tag. Das ist die Grundform jeder christlichen Berufung." Barbara Hallensleben hat sich für ein eheloses Leben als Weg der Christusnachfolge entschieden. Sie hält ihre Vertrautheit mit vielen Berufungsformen für eine große Hilfe, wenn es darum geht, Studierende in der Suche nach ihrer je eigenen Berufung ernst zu nehmen und zu begleiten.

In ihrer karg bemessenen Freizeit macht Barbara Hallensleben gerne „ganz unscheinbare Dinge", die den Gedanken einen meditativen Freiraum geben. Stricken, sticken und basteln, ein wenig Gartenarbeit, auf dem Akkordeon spielen, vorzugsweise russische Volksweisen. Hin und wieder geht sie mit Freunden ins Kino, etwa dann, wenn der britische Agent James Bond sein neuestes Abenteuer vorlegt. „Passt um Himmels willen auf, dass Glaube und Theologie nicht erst dann anfangen, wenn es um fromme Dinge geht", empfiehlt die Dogmatikerin ihrer eigenen Zunft der Gottesgelehrten. „Was wir bezeugen, steckt überall dort, wo sich Leben vollzieht."

Die Frau vom Film

Jesus Christus, Gandhi, E.T. der Außerirdische, Nosferatu der Vampir und allerlei Päpste führen eine friedliche Koexistenz im Reich Claudia di Giovannis. Die Römerin leitet seit Mai 2006 die vatikanische Filmothek, eine hochinteressante Sammlung von Dokumentar- und Spielfilmen quer durch die Geschichte der laufenden Bilder. Auch ein selten genutzter Kinosaal, der früher eine Kapelle war, gehört dazu.

Claudia di Giovanni
Filmspezialistin

»Man muss den Reflex überwinden,
Filme nach den Handlungen ihrer
Figuren zu beurteilen.«

Das italienische Designerhaus, das für die Innenausstattung des vatikanischen Kinos aufkam, dachte an alles. 56 elegante ziegelrote Lederfauteuils zieren den Saal, seit er Anfang 2005 nach einer technischen Generalüberholung neu eröffnet wurde. Und hinterm Samtvorhang wartet ein milchweißer Lederthron, Modell „Vanity Fair", unter Plastikfolie auf seine Premiere mit Papst Benedikt.

Kinosaal und Filmsammlung sind, wie alles im Vatikan, päpstliches Privateigentum. Wenn er wollte, könnte Benedikt XVI. sich hier ganz gemütlich und mit hochgelagerten Beinen „Nosferatu" ansehen, den Prototyp aller Vampirschinken. Oder „Wilde Erdbeeren" von Ingmar Bergman, die Gospel-Komödie „Sister Act" mit Whoopi Goldberg, Stanley Kubricks Science-Fiction-Klassiker „Odyssee im Weltraum". Oder einen der Kassenschlager von Steven Spielberg. Die Filmothek hat sie alle, weil der US-amerikanische Regisseur von sich aus je eine Kopie schickt. Kurz und gut finden sich im Vatikan nicht wenige Streifen, die keiner hier vermuten würde. Einer der Aufträge dieser 1959 gegründeten Einrichtung ist es, „Werke von hohem künstlerischen und menschlichen Niveau" zu sammeln.

Den Grundbestand der Filmothek bildet freilich das Material zu Papst- und Kirchengeschichte. Stunde für Stunde ist etwa das Zweite Vatikanische Konzil dokumentiert. Die Schwarz-Weiß-Aufnahmen aus den 60er Jahren zeigen all die Exzellenzen und Eminenzen in den hohen Hallen des Petersdoms, darunter den Krakauer Bischof Karol Wojtyła als stets aufmerksamen Beobachter. Als Johannes Paul II. später seine Weltreisen unternahm, landeten seine Begegnungen mit politischen Größen oder farbenfroh gekleideten Eingeborenen auf Videoband in den Regalen der Filmothek.

„7.000 Filme sind heute in der Datenbank", erklärt Claudia

di Giovanni munter und tätschelt ihren Bildschirm. „Mindestens 1.000 warten noch auf die Aufnahme. Leider sind wir etwas im Verzug." Das liegt daran, dass die Sammlung zum einen wächst, zum anderen auch noch ältere Streifen gesichtet werden müssen.

Für das älteste Stück bittet Claudia di Giovanni in die vatikanische Tiefgarage. Eine Tür am hinteren Ende führt in einen der beiden Cellarien, also Lagerräume der Filmothek. Gut verwahrt in einem Spezial-Kühlschrank, liegt dort bei vier Grad plus ein hochempfindlicher Streifen in entflammbarer Nitratlösung. Er zeigt Leo XIII. und stammt aus dem Jahr 1896. Zwei Monate nach der Geburt des Mediums Film war ein Mitarbeiter der Erfinder Lumière nach Rom gereist, um den Papst in den vatikanischen Gärten zu verewigen. In dem Film ist zu sehen, wie Leo freundlich in

»Ich habe das Glück, hier eine Arbeit zu leisten, die mich durch und durch begeistert.«

die Linse lächelt, er meint, fotografiert zu werden. Dann tritt ein Sekretär auf und flüstert dem Papst etwas über die Eigenart der Bilder, die laufen lernten, ins Ohr. Sofort findet Leo vor der Kamera in die berufstypische Geste der Päpste: Er erteilt den apostolischen Segen. „Die Aufnahme selbst verdeutlicht, wie neu das Medium damals war", resümiert die Leiterin der Filmothek.

Claudia di Giovanni kam eher zufällig zum Vatikan. Sie hat eigentlich Latein, Altgriechisch und Archäologie studiert. Erst als Aushilfe, dann fix wirkte die passionierte Kinobesucherin 16 Jahre lang als rechte Hand des Filmothek-Leiters Enrique Planas. Der spanische Priester war der erste, den der Vatikan gerufen hatte, um im päpstlichen Medienrat Ordnung in den planlos gewachsenen Haufen alten Zelluloids zu bringen. Seine Ausbildung zum Chemiker befähigte Planas, von den Schätzen der Filmothek zu retten, was zu retten war. Er knüpfte Kontakte, fand Geldgeber, sorgte für sachgerechte Lagerung der Streifen in neuen Speichern. Und Claudia, seine freundliche, umgängliche junge Assistentin, lernte jeden Tag. Als vor drei Jahren ihre Tochter zur Welt kam, blieb die frischgebackene Mutter nur wenige Monate zu Hause. „Ich habe das Glück, hier eine Arbeit zu leisten, die mich durch und durch begeistert", begründet sie diesen Einsatz.

Im Frühjahr 2006 ging der Leiter der Filmothek in Pension. Der Präsident des Medienrates, Erzbischof John P. Foley, schlug bei der nächsten Vollversammlung Planas' Assistentin für den Job vor. „Nie hätte ich gedacht, dass die Kardinäle einverstanden sind", erinnert sich Claudia di Giovanni. Wie sich zeigen sollte, unterschätzte sie die Offenheit der Kirchenmänner. Die Entscheidung für sie fiel einstimmig, kein einziger Kardinal äußerte auch nur einen Einwand gegen eine weibliche Kraft an der Spitze der vatikanischen Filmothek.

Claudia di Giovanni ist heute die vatikanische Kino-Spezialistin schlechthin. Auf ihrem Schreibtisch stapeln sich die Fachzeitschriften, die DVD-Sammlung zu Hause wächst und wächst, selbst bei der dreijährigen Tochter machen sich bereits eigene cineastische Vorlieben („Shrek") bemerkbar. Immer, wenn Erzbischof Foley „draußen" über Film sprechen soll, bittet er Claudia di Giovanni um Redemanuskripte und tut ihr damit einen Gefallen: Filme sehen und über Filme schreiben ist nicht nur die Arbeit, sondern auch das Vergnügen der unkomplizierten 43-Jährigen.

„Gestatten?" Mit energischem Schwung öffnet sich die Tür, und herein kommt Enrique Planas, für den sich die Pension

ohne seine Filme etwas eintönig anlässt. Nur 15 Prozent der Sammlung sind eigens angekauft, erzählen Seite an Seite der frühere und die jetzige Verantwortliche der Filmothek. „Viele Streifen, die uns interessieren, finden sich nicht in Rom. In den USA gibt es bessere Kataloge." Da trifft es sich gut, dass der Präsident des Medienrates Amerikaner ist, fügt Planas hinzu: „Es kommt vor, dass Erzbischof Foley uns von seinen Reisen in die Heimat ein paar Kartons Filme mitbringt."

Auch in den alten, noch nicht erfassten Beständen der Sammlung weiß Claudia di Giovanni ungehobene Schätze. Da gibt es Dutzende Strei-

»Ein Fünftel aller heutigen Kinofilme haben einen Inhalt, der ins Transzendente weist.«

fen, die katholische Missionare in den 50er und 60er Jahren des 20. Jahrhunderts in entlegenen Erdteilen wie Papua Neuguinea aufnahmen, um das Leben und die Bräuche Eingeborener zu dokumentieren. „Und da drüben liegt eine Schenkung des Jesuitenordens", sagt sie und weist auf mehrere Laufmeter uralter Filmrollen im Lagerraum. Ein Schweizer Pater namens Josef Joye hatte zu Beginn des 20. Jahrhunderts in Basel begonnen, alle Streifen zu sammeln, derer er habhaft werden konnte: Liebesfilme, Dramen, Komödien, Literaturverfilmungen – buchstäblich alles, was auf dem Markt war, aber nichts mehr einspielte. Der Jesuit gilt als Filmpionier seines Landes, der erste, der in der Schweiz Filme vorführte. Er zeigte sie in einem von ihm gegründeten Jugendzentrum, angeblich nachdem er leidenschaftliche Kuss-Szenen eigenhändig herausgeschnitten hatte. Zensiert oder nicht, Pater Joyes Nachlass enthält die weltweit bedeutendste Sammlung von Filmen aus den ersten Jahren des Kinos. Ein Teil davon gelangte auf vielen Umwegen in den Vatikan.

Dennoch sind nicht wenige der 7.000 Filme im Vatikan kommerzielle Streifen der Jetzt-Zeit. Wie das? „Wir arbeiten an einer Filmographie des spirituellen Films", antwortet Claudia di Giovanni. „Und man glaubt es kaum, aber ein Fünftel aller heutigen Kinofilme haben auf die eine oder andere Weise einen Inhalt, der ins Transzendente weist. Das beginnt bei Filmen wie „Der Herr der Ringe" oder „Narnia". Die sind kommerziell und spirituell zugleich."

Sehnsucht, Erlösung, die Idee des Heils, diese ewig gültigen Themen verhandelt gerade auch das kommerzielle Kino. Bestes Beispiel: Steven Spielbergs „E.T – der Außerirdische", der nichts anderes als zurück nach Hause will. „E.T. ist eine Paraphrase der Passion", erklärt Enrique Planas. „Jemand, der aus einer anderen Welt kommt und in unserer Welt abgelehnt wird. Nur die Kinder und diejenigen, die reinen Herzens sind, verstehen ihn. Dann stirbt er. Und am dritten Tag kehrt er zurück! Nun sagen Sie mir, ob Sie da Parallelen sehen!" Planas kann sich gut daran erinnern, wie er Steven Spielberg diese Frage eines Tages persönlich stellte. „Sie haben recht", habe ihm der jüdische Regisseur geantwortet. Und: „Sie wissen nicht, was es heißt, mit einer Katholikin verheiratet zu sein."

Im Lauf der Jahre hat sich die Art und Weise geändert, in der Claudia di Giovanni Filme ansieht und beurteilt. „Keine Frage, man bekommt den katholischen Blickwinkel", scherzt sie. Und der weite das Sichtfeld. Deshalb ist in ihren Augen ein Werk wie Clint Eastwoods Eu-

»Es kommt vor, dass Erzbischof Foley uns von seinen Reisen in die Heimat ein paar Kartons Filme mitbringt.«

thanasie-Drama „Million Dollar Baby" rund um einen weiblichen Box-Profi ein klarer Fall für die vatikanische Filmographie des spirituellen Films. Der Streifen endet damit, dass der Trainer der verunglückten Athletin auf ihr Verlangen die lebenserhaltenden Maschinen abstellt. „Man muss den Reflex überwinden, Filme nach den Handlungen ihrer Figuren zu beurteilen", sagt Claudia di Giovanni. Lehrreich und „besonders wertvoll" werde Kino gerade dann, wenn es keine vorgefasste Moral aufzeige, sondern es dem Publikum nahe legt, eine solche zu erarbeiten.

Unter Regisseuren ist die vatikanische Filmothek ein Begriff. Italiens Oscar-Preisträger und Komiker Roberto Benigni war stolz wie ein Kind, als er Johannes Paul II. im päpstlichen Kinosaal sein KZ-Märchen „Das Leben ist schön" zeigen durfte. Aus diesem Anlass hat die Welt von der Existenz dieses Ortes erfahren. Auch Kurienleute und Schweizergardisten kennen ihn von der einen oder anderen Vorführung im exklusiven Kreis. Claudia di Giovanni indes wünscht sich, dass dieser Saal ein Fenster zur Welt wird. „Das Kino ist ein gemeinsamer Bezugspunkt ganzer Generationen", sagt sie. „Da kann der Vatikan nicht abseits stehen."

Rein örtlich ist der Kinosaal in der Kapelle des Palazzo San Carlo untergebracht. Dort, wo der Platz des Altars wäre, steht ein Konferenztisch mit edlen roten Lederfauteuils, darüber hängt die Leinwand, ganz oben ein hölzernes Kruzifix. Die Klangqualität aus den Boxen kann mit den besten Kinosälen der Stadt mithalten. Bloß: Das alles wird zu selten genutzt. „Papst Benedikt hatte noch keine Gelegenheit, seinen persönlichen Film-Fauteuil einzuweihen", lacht Claudia di Giovanni. „Ich vermute ja, er hat in seiner Wohnung einen DVD-Player."

Die Seligenmacherin

Als Johannes Paul II. heimging und Tausende Gläubige den geliebten Papst mit dem Ruf „Santo subito! Santo subito!" geradewegs in den Kreis der Heiligen befördern wollten, dachte Elisabeth Braunbeck im stillen über die Briefe nach, die in jenen Wochen über ihrem Schreibtisch gegangen waren. Menschen aus allen Erdteilen schrieben da, dass die Art, wie der kranke Papst sein Leiden ertrug, sie zum Glauben geführt habe. Die Mainzer Theologin arbeitet seit neun Jahren an der vatikanischen Kongregation für die Selig- und Heiligsprechungen. Die Schritte auf dem Weg zur Seligkeit kennt sie genau.

Elisabeth Braunbeck
Theologin

»Wir müssen uns das Staunen
zurück erobern.«

Das ‚Santo subito' war eine Folge dessen, was zu Lebzeiten des Papstes geschehen ist", glaubt Elisabeth Braunbeck. Johannes Paul II. war mit so viel Charisma beschenkt, dass er Menschen mit einem Lächeln gewann und sie für Christus aufschloss. Selbst Gleichgültige fühlten von dem Mann etwas ausgehen, das sie nachdenklich machte. Sein Nachfolger Benedikt XVI. hörte den Ruf der Menge. Und der Papst, Diener der Diener Gottes, wie der letzte seiner acht apostolischen Titel lautet, setzte für seinen Vorgänger eine Bestimmung des Kirchenrechts außer Kraft, die den Beginn eines Seligsprechungsverfahrens frühestens fünf Jahre nach dem Tod des Kandidaten vorsieht. Bei Karol Wojtyła verstrichen nur sechs Wochen.

Wenn die Kirche den polnischen Papst eines Tages als Heiligen anerkennt, und manches deutet darauf hin, dass es in wenigen Jahren soweit sein wird, dann ist dies auch das Verdienst der Tausenden, die auf der Straße „Santo subito!" skandierten. Das ist korrekt und entspricht geltendem Kirchenrecht. In der Tat geht eine Heiligsprechung von unten aus, nicht vom Papst und nicht vom Bischof, sondern vom Volk der Gläubigen.

Elisabeth Braunbeck sieht darin ein demokratisches Element in der Kirche. Ein sehr altes übrigens, das noch von der christlichen Urkirche nachhallt. „Es gibt kein Verfahren", stellt die Kirchenrechtlerin klar, „in dem dieser so genannte Ruf der Heiligkeit verzichtbar wäre." Letztlich verdeutliche die Aufforderung „Santo subito!" auch, wofür Heilige und Selige überhaupt gut sind. „Die Heiligsprechung ist keine Prämie für ein gutes, braves Christenleben. Sie ist für das Volk Gottes da, für die Menschen." Heilige sollen Helfer sein, Vermittler auf dem irdischen Weg zu Gott. Sie sollen zeigen, wie es gelingen kann, ein erfülltes christliches Leben gegen den Strom der Widrigkeiten zu führen.

Jeder Zuwachs im Heiligenkalender hat unzählige Väter und Mütter: Augenzeugen, Ärzte, Historiker, Theologen, aber auch geistliche Richter und weltliche Anwälte wirken an der Geburt neuer Seliger und Heiliger mit. Im Prinzip handelt es sich bei dem Verfahren um einen Gerichtsprozess unter umgekehrtem Vorzeichen: Verhandelt wird kein Kriminaldelikt, sondern der Glücksfall eines Menschen, der als Heiliger lebte und starb. Was zu beweisen wäre.

Untersuchungsrichter nehmen also im Auftrag des zuständigen Bischofs das Leben des Kandidaten unter die Lupe. Sie befragen Zeugen, so noch welche am Leben sind, die den oder die Betreffende persönlich erlebt haben. Sie reisen an den jeweiligen Wohnort, sehen sich Nachlässe und persönliche Gegenstände an. Historiker lesen die Briefe und Schriften der Kandidaten und konsultieren Archive und Bibliotheken, mitunter Dutzende auf mehreren Kontinenten.

> »Das Staunen müssen wir uns zurück erobern. Und das Staunen hat gerade dort seinen Platz, wo es um Wunderbares geht.«

Die Ergebnisse dieser Recherche landen auf dem Schreibtisch des so genannten Postulators. Er ist die zentrale Figur der Causa, der Anwalt, der im Auftrag seiner Mandanten alles sammelt, was für den Diener Gottes spricht, und das Verfahren durch die Instanzen lotst. Ist der Nachweis des vorbildlichen christlichen Lebens erbracht, proklamiert der Heilige Stuhl den „heroischen Tugendgrad" des oder der Betreffenden. Damit ist es freilich nicht getan. Für die Seligsprechung schreibt das Kirchenrecht ein Wunder vor. Dieses müssen die „Diener Gottes", so heißen die Kandidaten, posthum erwirkt haben. Zum nächsten Schritt, der Heiligsprechung, ist ein weiteres Wunder nötig, das seinerseits nach der Seligsprechung stattgefunden haben muss. Nicht wenige Diener Gottes verharren seit Jahrzehnten in der Warteschleife zur Seligkeit, weil ein Wunder fehlt. Das ist etwa der Fall von Mary Ward, der Gründerin der „Englischen Fräulein".

Oft herbeigesehnt und ebenso oft belächelt, stehen Wunder im westlichen Kulturkreis keineswegs hoch im Kurs. Dort, wo rationales Denken versagt, empfiehlt sich dem kritischen Zeitgenossen scheinbar eher Zweifel als Staunen. „Gerade das Staunen müssen wir uns aber zurück erobern", wendet Elisabeth Braunbeck ein. „Und das Staunen hat gerade dort seinen Platz, wo es um Wunderbares geht."

Dabei tat auch sie sich schwer mit Wundern, als sie zum ersten Mal mit der Welt der Heiligsprechungen in Berührung kam. Die Begegnung mit den konkreten Fällen belehrte sie eines Besseren. „Mir wurde erklärt, dass die Kirche die Heiligsprechung eines Menschen in drei Schritten vollzieht", referiert die Theologin sachlich. „Das erste Wort sprechen die Gläubigen, indem sie diese Person verehren und um Fürsprache bei Gott bitten. Das zweite Wort spricht die Kirche mit der Untersuchung dieses Lebens. Das dritte Wort erwarten wir von Gott selbst. Durch ein außergewöhnliches Eingreifen macht Er deutlich, dass diese Person wirklich heilig ist und nun in Gemeinschaft mit ihm lebt."

Wichtig ist der Kirchenrechtlerin, die üblichen Begleiter des Unerklärlichen, nämlich Oberflächlichkeit und Sensationsgier, auszublenden, „die alles als Wunder ausgeben und ihm nachlaufen, weil es ‚Wunder' ist. Doch Gott kann in den Kausalzusammenhang eingreifen und greift auch ein, wenn Er es will." Genau das überprüfen mit strengen Maßstäben die Untersucher im Auftrag des Vatikans.

Oft handelt es sich um medizinische Fälle. Mehrere Ärzte zerlegen die unerklärliche Heilung fachgerecht in ihre Ein-

149

zelteile. Dazu angehalten, zunächst natürliche Erklärungen zu favorisieren, hören sie Kollegen, durchforsten Klinikakten, studieren Fieberkurven und Röntgenbilder. „Sie müssen nicht bestätigen, dass hier ein Wunder vorliegt. Aber sie müssen zu dem Schluss kommen: Diesen Vorfall können wir mit den Mitteln der Wissenschaft nicht erklären", so Elisabeth Braunbeck.

Als besonders plastisches, nicht-medizinisches Wunder ist ihr der Fall der Seligen Maria Petkovic in Erinnerung. Auf Fürsprache der kroatischen Ordensgründerin gelang es 1988 einem Leutnant der peruanischen Marine, ein leckendes U-Boot mit 22 Mann an Bord zu retten. Die „Pacocha" war von einem japanischen Fischerboot gerammt worden und sank. Die Besatzung hatte eine einzige Chance: eine bestimmte Zwischentür zu schließen, um die Flutung des kompletten U-Boots zu verhindern. Doch in dieser Luke war das Bein eines Kameraden eingeklemmt, der sich nicht rechtzeitig hatte retten können. Während rechts und links des Matrosen das Wasser in den Bauch des sinkenden U-Boots schoss, rief in höchster Not der Leutnant die Dienerin Gottes Maria Petkovic um Hilfe an – und wurde erhört. Mit der bloßen Muskelkraft seiner Arme stemmte der Mann die Metalltür der Luke gegen den Wasserdruck auf, befreite den Kameraden und stoppte so die Flutung. Alle wurden gerettet. Auf der Metalltür lastete der Druck von 3,8 Tonnen, errechnete später ein staunender Gutachter der Marine im Auftrag des Heiligen Stuhles.

Der peruanische Leutnant – er kam zur Seligsprechungsmesse 2003 nach Dubrovnik – kannte die 1966 verstorbene kroatische Ordensgründerin aus Erzählungen seiner Mutter.

»Das ›Santo subito‹ war eine Folge dessen, was zu Lebzeiten des Papstes geschehen ist.«

150

Bestand ein Zusammenhang zwischen seiner Anrufung um Fürsprache und dem Wunder im U-Boot? Ja, befand der Heilige Stuhl, der für diese Art von Gutachten einen ganzen Stab Theologen ins Feld schickt.

Unter all den verehrungswürdigen verstorbenen Menschen, mit deren Leben Elisabeth Braunbeck je befasst war, sind ihr zwei die liebsten. Zum einen Theresia von Lisieux, die „kleine Theresia", die den Glauben in den Dingen des Alltags entdeckte und freudig bejahte. Zum anderen Pater Josef Kentenich, dessen Seligsprechungsverfahren auf Bistumsebene in Trier vor dem Abschluss steht. Kentenich gründete die Schönstatt-Bewegung, eine der kirchlichen Erneuerungsgruppen des 20. Jahrhunderts. Elisabeth Braunbeck selbst ist eine Schönstätter Marienschwester. Unter anderem hat sich die heute 51-jährige zur Ehelosigkeit verpflichtet und lebt in einer Gemeinschaft mit sechs weiteren Frauen in Rom, von denen vier Aufgaben am Vatikan haben.

„Die Schönstatt- Bewegung will dem Menschen helfen, aus dem Bund mit Gott zu leben", erklärt Schwester Elisabeth. Am historischen Anfang stand dabei ein Bündnis mit der Gottesmutter Maria, das in einer kleinen Kapelle am Ort Schönstatt geschlossen wurde. Elisabeth Braunbeck, die in Mainz aufwuchs, lernte dieses Heiligtum früh kennen. Ihre ältere Schwester schloss sich der Bewegung an.

»Maria ist der Mensch, der den Bund mit Gott am intensivsten und authentischsten gelebt hat.«

An dem Tag, als auch Elisabeth ihr Noviziat bei den Marienschwestern aufnahm, hörte sie ihre Mutter zu einer der Frauen sagen: „Wenn ich noch mehr Mädchen zur Verfügung hätte, ich würde sie Ihnen gerne geben. Aber der Vorrat ist erschöpft!"

In Lateinamerika, das eine glühende Marienverehrung kennt, ist die Schönstatt-Bewegung heute weitaus stärker als im Land Luthers. Gerade das Frauenbild der Bewegung verweigert sich der europäischen, der kämpferischen Auffassung von Emanzipation. Marienschwestern betrachten die Muttergottes als ihr Lebensmodell. „Maria ist der Mensch, der den Bund mit Gott am intensivsten und authentischsten gelebt hat", sagt Schwester Elisabeth. „Indem wir uns mit ihr verbinden, hoffen wir, dass wir ihr ähnlicher werden, und dass sie uns hilft, als freie Bundespartner Gottes handeln zu können."

Aus diesem Liebesbündnis lebe sie, sagt Schwester Elisabeth mit fester und klarer Stimme. Daraus erwachse ihr Sicherheit. „Da ist eine Gewissheit, dass ich gehalten und getragen bin. Dass da immer jemand ist, der mich begleitet und Interesse an mir hat. Das gibt mir ein eigenes Wertbewusstsein. Ich muss also nicht nach großen Posten streben, um ein Wertbewusstsein zu haben."

Schönstatt-Heiligtümer sind überall auf der Welt baugleich. Und in jedem Schönstatt-Haus empfängt den Gast der Blick der Gottesmutter von der gleichen Darstellung. Das so genannte MTA-Bild (für „Mater ter admirabilis", Dreimal Wunderbare Mutter) gibt Schönstatt-Angehörigen, wo immer sie leben und wirken, auf Anhieb eine spirituelle Heimat. Auch an ihrem Arbeitsplatz hat Elisabeth Braunbeck diese Madonna aufgestellt. „Maria trägt Christus in ihren Armen, um ihn den Menschen zu bringen", sagt sie. „Das ist es, was ich zu tun habe. Dass ich nicht für mich selbst an einem Ort bin und für mich selbst irgendetwas tue, sondern dass ich dafür da bin, Christus zu bringen - daran erinnert mich unser Bild, sooft ich es ansehe."

»Für viele Menschen ist Johannes Paul II. längst heilig.«

In schwierigen Situationen wirft Elisabeth Braunbeck - eine zarte Erscheinung, der Teint durchsichtig, die Gesten sparsam – der Madonna einen fragenden Blick zu. Wie hätte Maria gehandelt? Welche Worte hätte sie gefunden? „Auf diese Art prägt die Muttergottes meinen Stil als Frau. Das ist nicht unbedingt ein leiser Stil. Er ist schon selbstbewusst.

»Da ist eine Gewissheit, dass ich gehalten und getragen bin. Ich muss also nicht nach großen Posten streben, um ein Wertbewusstsein zu haben.«

Aber es ist auch ein Stil, der eingeht auf den Menschen, der vor mir steht. Ein Stil, der nicht immer die eigene Person in den Mittelpunkt rückt."

Als Protokollführerin in der Kongregation steht Elisabeth Braunbeck an der Schnittstelle verschiedener Informationsflüsse. Aus dem deutschen Sprachraum köcheln im Moment etwa zwei Dutzend Causen vor sich hin. Insgesamt laufen Selig- oder Heiligsprechungsverfahren für rund 2.000 Kandidaten. Sie bilden eine bunte Truppe Weltkirche: Vietnamesische Märtyrer des 16. Jahrhunderts, lateinamerikanische Ordensgründer des 19., mehrere Hundert heiligmäßiger Laien, ja sogar Politiker wie der tansanische Staatspräsident Julius Nyerere oder der französische Europa-Vordenker Robert Schuman stehen auf der Liste.

Johannes Paul II. erkannte in zeitgemäßen Glaubensvorbildern eine große Chance. Auch in entlegenen Gebieten der Welt, dort, wo die Kirche jung ist und wächst, sollten die Katholiken ihre Nothelfer und Fürsprecher bekommen. So hat der polnische Papst nicht weniger als 1.800 verehrenswürdige Katholiken selig oder heilig gesprochen, mehr als alle Päpste vor ihm zusammen.

Nun steht Karol Wojtyła selbst in der Reihe der „Diener Gottes". Die Aufgabe des Postulators hat ein Landsmann übernommen, Monsignore Slawomir Oder. In Krakau hat eine Kommission Zeugen vom Kaliber eines General Jaruzelski gehört. Ärzte untersuchen die spontane Genesung einer französischen Ordensfrau von ihrer Parkinson-Erkrankung, Theologen arbeiten an einem Gutachten, das den Zusammenhang zwischen Anrufung und Wunder belegen soll. Und immer noch treffen Briefe ein. Menschen erklären, nach Anrufung des Dieners Gottes hätten sie ihre Depressionen überwunden oder ihren Arbeitsplatz wiedererlangt. Ein Ehepaar berichtet, ihm sei durch Fürsprache Karol Wojtyłas der Kinderwunsch erfüllt worden. Und manche schreiben einfach, Johannes Paul, der große Marienverehrer, habe ihnen Christus gebracht. Ein amtliches Wunder brauchen sie nicht. Wie Elisabeth Braunbeck sagt: „Für viele Menschen ist Johannes Paul II. längst heilig."

Elisabeth Braunbeck wurde im Mai 2006 als Theologin an die vatikanische Glaubenskongregation berufen.

Der Untersekretär

Früher tobte sie mit Jugendlichen über improvisierte Fußballplätze. Feiern lernte sie von lateinamerikanischen Frauen und Solidarität von den Afrikanerinnen. Heute hat Schwester Enrica Rosanna einen ausgesprochenen Bürojob: Sie ist „Untersekretär" der vatikanischen Ordenskongregation. Damit bekleidet die 68-jährige Italienerin die höchste Stelle, die jemals eine Frau im Vatikan innehatte.

Sr. Enrica Rosanna
Soziologin

»Christus ist kein ruhiger Typ.«

Nein, ich koche keinen Kaffee für meine Leute. Aber ich habe für die Anschaffung einer Kaffeemaschine gesorgt!" Ein frischer Wind, versetzt mit Wohlgeruch, durchlüftete das vatikanische „Ministerium" für Ordensverwaltung, als Schwester Enrica Rosanna im April 2004 ihr wohl etwas staubiges Büro vis-à-vis des Petersplatzes bezog.

Für die Stammbelegschaft muss es etwas Unerhörtes gewesen sein: Da schickte Papst Johannes Paul II. nicht bloß einen neuen Vorgesetzten, der kein Priester war. Er schickte eine Frau. Eine, die zur vierköpfigen Führungsriege gehört, die im Namen der Behörde sprechen und unterzeichnen darf, eine, die Personal leitet. Zum ersten Mal in der Geschichte des Vatikans entstand die Konstellation, dass Monsignori und Priester einem Chef zuarbeiten, der eine Frau ist.

„Männer waren überraschter von der Situation als ich selbst", glaubt die Don Bosco-Schwester. „Schon seit meiner Jugendzeit arbeite ich Seite an Seite mit Männern." Enrica Rosanna nahm an drei Bischofssynoden teil und war Beraterin in verschiedenen Gremien, etwa bei der italienischen Bischofskonferenz, einmal sogar in der Politik. Mitte der 90er Jahre berief Unterrichtsminister Luigi Berlinguer in der ersten Mitte-Links-Regierung Romano Prodis die erprobte Pädagogin in seinen „Rat der Weisen".

Die Erfahrung der Jahre ließ sie ahnen, was als „Untersekretär" einer Kongregation auf sie zukommen würde. „Wir Don Bosco-Schwestern können tüchtig anpacken. Unser Gründer hat uns das vorgelebt. Zur Not schaffe ich es, 25 Dinge auf einmal zu tun!" Das Büro entspricht zwar nicht dem Charisma des Ordens, der für Jugendliche da ist. Und doch trägt Schwester Enrica etwas von ihrer ursprünglichen Berufung an den Schreibtisch und in den Sitzungsraum: „Das Charisma der Freude, der Begeisterung. Auf gewisse Weise wirke ich an der Kurie, als wäre ich 20!" Mit 66 Jahren, die sie zum Zeitpunkt der Ernennung alt war, hätte sich Enrica Rosanna bei aller Energie ein Ausgleiten in ruhigeres Fahrwasser vorstellen mögen: Jugendarbeit, ein paar Seminare an der Uni, Gebet und Alltag im Schoß ihrer Gemeinschaft von gut 100 Mitschwestern am grünen Stadtrand von Rom; seit 1964 ist die aus Busto Arsizio gebürtige Norditalienerin dort zu Hause. Als sie sich gerade auf ein Lehrsemester in Kenia vorbereitete, erreichte sie der Ruf aus dem Vatikan.

„Nie und nimmer hätte ich damit gerechnet", erinnert sich Schwester Enrica. Die Ordenskongregation, das war nicht ihre Baustelle. Drei Tage lang zog sie sich in die Kapelle zurück. Dort wurde ihr klar, dass dies ein Ruf Gottes durch den Mund des Papstes war. „So, wie der Papst auf meine Fähigkeiten vertraute, so musste ich seiner Wahl vertrauen."

Das entspreche, so gab Schwester Enrica in jenen Tagen in einem Interview zu Protokoll, der Logik **»Wir Don Bosco-Schwestern können tüchtig anpacken. Zur Not schaffe ich es, 25 Dinge auf einmal zu tun!«**

Gottes. „Was ist die Logik Gottes? Liebe zu den Ausgestoßenen. Jungfrauengeburt. Der Skandal des Kreuzes. Vergebung. Vielleicht respektierte der Papst in meinem Fall diese Logik, die eben keinen menschlichen Gesetzen gehorcht." Im Übrigen sei sie als Ordensfrau mit Christus verheiratet. „Er ist nun mal kein ruhiger Typ! Auf gewisse Weise macht er uns heimatlos. Christus fordert uns auf, immer weiterzugehen und manchmal vom geraden Weg abzuweichen."

Der ungerade Weg führte Enrica Rosanna in die Bürokratenwelt eines päpstlichen Ministeriums. Mit solchen werden die neun Kongregationen der Kurie gerne verglichen, weil sie das Kerngeschäft der katholischen Kirche verwalten. Formal steht die Ordenskongregation auf einer Stufe mit der mächtigen Glaubenskongregation, die Kardinal Joseph Ratzinger 21 Jahre lang leitete. Präfekt einer Kongregation ist stets ein Kardinal, sein Stellvertreter, „Sekretär" genannt, ein Erzbischof. Laien – das heißt im strengen Sinn: Nicht-Priester, also auch Ordensfrauen – spielten in der vatikanischen Bürokratie bisher nur auf der Ebene der Referenten eine Rolle. Stärker vertreten sind sie von jeher in den päpstlichen Räten wie Familien-, Medien- oder Laienrat. Allerdings gelten die Räte, wohl weil sie erst nach dem II. Vatikanischen Konzil entstanden, in ihrer Bedeutung als den Kongregationen nachgeordnet.

Enrica Rosannas Dienststelle ist für mehr als eine Million katholischer Ordensleute auf der ganzen Welt zuständig. Vier Fünftel von ihnen sind Frauen. Eine weibliche Führungskraft in der Zentrale erschien, so könnte man sagen, durchaus nahe liegend.

In den Räumen gegenüber von Sankt Peter laufen die Fäden aller Ordensgemeinschaften zusammen, und zwar sofern es deren Lebensweise, Verwaltung, Disziplin, Studien, Güter, Rechte und Privilegien betrifft. Im Grund genehmigt die Kongregation Ausnahmen von der Regel; denn die Regel der Orden steht fest. Wenn also etwa die deutschen Dominikaner ein großes stillgelegtes Kloster wie Walberberg verkaufen, muss der Heilige Stuhl das wissen - und streift zehn Prozent am Erlös ein. Auch geht es um Generalkapitel, die bestätigt werden müssen, oder um Ordensleute, die um Entbindung von den ewigen Gelübden gebeten haben.

Auf den Schreibtischen landet also eine ganze Menge Papier von den Klöstern der Welt. Sekretär und Untersekretäre verteilen die Arbeit und unterzeichnen am Ende die Korrespondenz. Akten aus Männergemeinschaften lagern in rosa Papphüllen, Frauen werden in weiß abgelegt. Gelb bezeichnet

traditionelle Orden, blau oder grün neuere Bewegungen wie Schönstatt oder die Legionäre Christi. Anspruchsvoll wird es bei der Archivierung: Einige Gemeinschaften sind nach Namen geordnet, andere nach dem Jahr oder gar nach dem Ort ihrer Gründung. „Eine Systematik, die ihre Tücken hat", bekennt ein Mitarbeiter.

Dennoch präsentiert sich die Ordenskongregation aus – quasi – Konsumentensicht als gut geöltes Werk. In der Regel dauert es bloß ein bis zwei Wochen, bis so ein Akt, anstandslos durchgenickt, zur Abholung bereit liegt, sagen Ordensobere. Manche fügen hinzu, man könne den Eindruck gewinnen, die Kongregation arbeite in erster Linie „für den Heiligen Bürokratius". Denn genehmigt und unterschrieben werde praktisch alles.

Was sich Ordensfrauen von einem weiblichen Untersekretär in der Kongregation wünschen? Geschlechtergerechtigkeit, sagt eine Oberin, die ungenannt bleiben möchte. Mehr Sichtbarkeit für Frauen. Strategie statt Bürokratie. Als der Vatikan im Oktober 2005 eine Bischofssynode zum Thema Eucharistie einberief, wäre es schön gewesen, er hätte dazu wie selbstverständlich auch die Präsidentin der Internationalen Union der Generaloberinnen eingeladen, die mindestens 2.000 Frauenorden auf der ganzen Welt repräsentiert. Einige von ihnen haben in einem Brief an das vatikanische Staatssekretariat gegen diese Einladungspolitik protestiert.

»Männer waren überraschter von der Situation als ich selbst. Schon seit meiner Jugendzeit arbeite ich Seite an Seite mit Männern.«

Ob Lobbyarbeit ihr ein Anliegen ist, darüber hält Schwester Enrica sich bedeckt. Ihr Lebenslauf weist sie als kluge und tatkräftige Person aus, die mehrere Dämme brach. In den

60er Jahren durfte sie als erste Frau an der Gregoriana, der renommierten päpstlichen Jesuiten-Universität, den Doktortitel erwerben. Bürokratische Kleinkriege musste sie dafür ausfechten, noch in der fernen Erinnerung sind sie der Schwester unangenehm. Mit dem Wissen, das sie an der Hochschule erwarb, ist die Religionssoziologin immer großzügig umgegangen: Ihr Leben lang hat sie mit Herz, Verstand und Begeisterung junge Leute unterrichtet. Auch im Knochenjob Verwaltung ist Enrica Rosanna zu Hause. Neun Jahre stand sie als Rektorin der päpstlichen Fakultät für Erziehungswissenschaften Auxilium vor. Es ist die einzige päpstliche Universität, die von Frauen geleitet wird.

Im persönlichen Auftreten wirkt die Ordensfrau entschlossen, aber nicht kriegerisch. Vor einem Kampf der Geschlechter warnt sie ausdrücklich. „Als Mann und Frau schuf er sie", zitiert Schwester Enrica die Schöpfungsgeschichte und legt aus: Frauen sollten Männer nicht nachahmen. In der Wirtschaft und in der Politik beobachtet sie dieses Verhalten häufig. „Es geht auf die frühen Jahre der Emanzipation zurück, als Frauen Männer mit ihren eigenen Waffen schlagen wollten. Doch da liegt keine Emanzipation vor, sondern Imitation. Und das verträgt sich nicht mit dem Frau-Sein." Ein positives Gegenbeispiel hat Enrica Rosanna auch zur Hand: die deutsche Bundeskanzlerin Angela Merkel, die gefällt ihr. „Für mich beweist Merkel, dass eine energische Wesensart die Weiblichkeit nicht zum Verstummen bringen muss."

»So, wie der Papst auf meine Fähigkeiten vertraute, so musste ich seiner Wahl vertrauen.«

Frauenquoten? Einspruch, sagt die Schwester. Der oder die beste soll ans Ruder. Weiblicher Führungsstil? Gibt es, und zwar jenseits eines oberflächlichen Flirtfaktors. Was es mit dem „Genius der Frau" auf sich hat, wie Johannes Paul II. es ausdrückte, erklärt die sprachversierte Professorin mit einer Wendung aus dem Englischen: „I care." Für sie bedeutet das: „Ich kümmere mich, ich trage Sorge, mir liegt an dir, du interessierst mich, ich bin für dich da."

Dieses Programm setzt Schwester Enrica an ihrem Arbeitsplatz um. Für alle, die zur Tür herein kommen, die anrufen oder Post schicken, aber auch und gerade im Kreis ihrer Mitarbeiter. Namenstage feiern. Osterschmuck anbringen - und ihn wieder entfernen. Für eine heiter-gelassene Atmosphäre sorgen. Licht hereinholen, Blumen pflegen. Den Blick fürs Ganze mit dem Gespür fürs Detail verbinden. Grenzen erkennen. Hier nimmt die Soziologin Anleihen bei der Symbolik der Mutterfigur. „Wir Frauen durchlaufen in unserem Leben Momente der Fruchtbarkeit und Momente der Unfruchtbarkeit. Für unsere Arbeit heißt das, wir müssen dazu in der Lage sein, unsere Grenzen zu respektieren. Ich kann nicht alles. Ich muss ständig dazulernen. Und weitergedacht: Ich muss auch die Grenzen der anderen sehen, ertragen und entschuldigen. Letztlich wachsen wir ja auch an unseren Grenzen, nicht nur an unseren Fähigkeiten."

Über Jahrhunderte hat die Kirche zwei Weiblichkeitsmodelle ohne Graustufen propagiert: Ehe und Mutterschaft oder Ordensleben. Diese Zweiteilung hält die Soziologin für überholt. Mit Recht seien die Frauen in die Welt der Arbeit vorgedrungen. Mit Recht entscheiden sie sich für eine Rückkehr in den Beruf, wenn die Kinder aus dem Gröbsten heraus sind. Das Um und Auf sieht Enrica

»Ich selbst weiß nicht genau, warum ich an diese Stelle berufen wurde. Aber Gott weiß es.«

Rosanna darin, eine Wahl zu treffen und ihr in guten wie in schlechten Tagen treu zu bleiben. Und wiederum ist das Wort der Stunde: „I care" – ich trage Sorge.

Die Ordensfrau erklärt es am Beispiel weiblicher Heiliger. „Katharina von Sienas Anliegen war die Autorität des Papstes. Sie erlangte die Rückkehr des Papstes aus dem Exil in Avignon. Birgitta von Schweden erkannte ihre Berufung im Einsatz für den Frieden, sie baute Brücken zwischen den Völkern.

»Wir müssen unsere Grenzen respektieren. Ich kann nicht alles. Und weitergedacht: Ich muss auch die Grenzen der anderen sehen.«

Edith Stein sorgte sich um die Wahrheit. Zuerst als Wissenschaftlerin und Nonne. In der Gaskammer starb sie später für die Wahrheit Gottes." Sie alle sind Frauen, die eine Wahl trafen. Und dabei gehe es weniger um die Entscheidung Orden oder Ehe. Es gehe um die grundsätzliche Wahl, „wie ich es anstelle, mich Gott und meinem Mitmenschen auf der Überholspur zu nähern."

Als Mann und Frau schuf er sie. „Damit ist nicht gesagt, dass Männer keine fürsorglichen Seiten haben und Frauen keine tonangebenden", stellt die Ordensfrau klar. Doch dass die Gesellschaft der abwesenden Väter verweiblichte Männer hervorbringt, kann die Soziologin nicht gutheißen. Deshalb befürwortet sie eine unter allen Umständen gemischte Erziehung. „Im Priesterseminar würde ich mir mehr weibliche Lehrer wünschen. Ich streue dieses Anliegen immer wieder ein, auch bei Synoden. Es gibt hervorragende Pädagoginnen, die sehr gut einige Fächer unterrichten können."

Dabei hat Schwester Enrica selbst, wie sie sagt, viel von anderen Frauen gelernt. Besonders tief beeindruckten sie Frauen in armen Ländern. Im Kongo leitete sie einmal einen

Ausbildungskurs für Friedenshelferinnen. „Damals habe ich verstanden, was es heißt, arm zu sein. Bei uns gibt's Overheadprojektoren, Laptops und Drucker. Dort hatten die Frauen mit Glück einen Bleistift. Den benutzten sie, bis er nur noch ein millimeterkurzer Stummel war." Von den Afrikanerinnen lernte sie auch gelebte Solidarität. „Manche ließen, um in den Kurs zu kommen, ihre Kinder ganz selbstverständlich im Dorf bei anderen Müttern. Bei uns undenkbar!" An den Frauen aus Asien bewundert sie die Spiritualität, die Tiefe, den konzentrierten Ernst. Und in Lateinamerika, sagt die Norditalienerin, „da habe ich erfahren, was Feste sind! Was Singen ist, was Gemeinschaft ist." Diese überbordende Art zu feiern setzt sich in den Pfarrgemeinden fort. „Nirgendwo sonst werden Gottesdienste im Wortsinn gefeiert wie in den Ländern Lateinamerikas." Dass die Kirchen dort voll sind, wundert sie nicht.

Das Feiern fehlt Schwester Enrica in letzter Zeit. Denn unter der Woche lebt sie nicht mehr in ihrer Ordensgemeinschaft. Das Auxilium liegt am römischen Stadtrand, zu weit weg für den täglichen Weg zum Petersplatz. So hat ihr der Vatikan ein Zimmer im Gästehaus Santa Marta zugewiesen. Abends geht sie oft die paar Schritte zu den 32 Ministranten für den Petersdom, die nebenan im Seminar wohnen – und dort ausschließlich von Männern umgeben sind. Schwester Enrica spielt ein wenig Ersatzmutter für die Buben. Zur Firmung steckt sie ihnen kleine Geschenke mit hübschen blauen Maschen zu. Doch es hilft nichts. Ihr Kloster, ihre hundertköpfige Familie, fehlt ihr. „Wir sind dort Frauen aus 43 Nationalitäten, und

»Es geht um die grundsätzliche Wahl, wie ich es anstelle, mich Gott und meinem Mitmenschen auf der Überholspur zu nähern.«

fast zwei Drittel davon sind jung! Oft habe ich Sehnsucht. Ich kann beim Gebet nicht dabei sein, nicht bei den Treffen und nicht bei den Festen." Ob sie glücklich ist an ihrem Schreibtisch an der Kurie, beim Verteilen und Einsammeln von Bescheinigungen? Das Fragezeichen will nicht verschwinden. Doch Schwester Enricas Vertrauen in den obersten Vorgesetzten bleibt. „Ich selbst weiß nicht genau, warum ich an diese Stelle berufen wurde. Aber Gott weiß es."

Fotonachweis

Seite 13, 15, 45, 49:
Stefano Leszczynski

Seite 19, 27, 30, 37, 41, 45, 53, 59, 81, 86, 93, 99, 101, 105, 113, 117, 135, 139, 143, 145, 149:
Gudrun Sailer

Seite 21:
picture-alliance/dpa

Seite 25, 35, 57, 127:
KNA-Bild

Seite 61, 66, 157, 161:
privat

Seite 73, 78:
Vassilis Chatzigiannis

Seite 123:
Fritz Imhof

Seite 155:
Schönstatt-Verlag, Vallendar